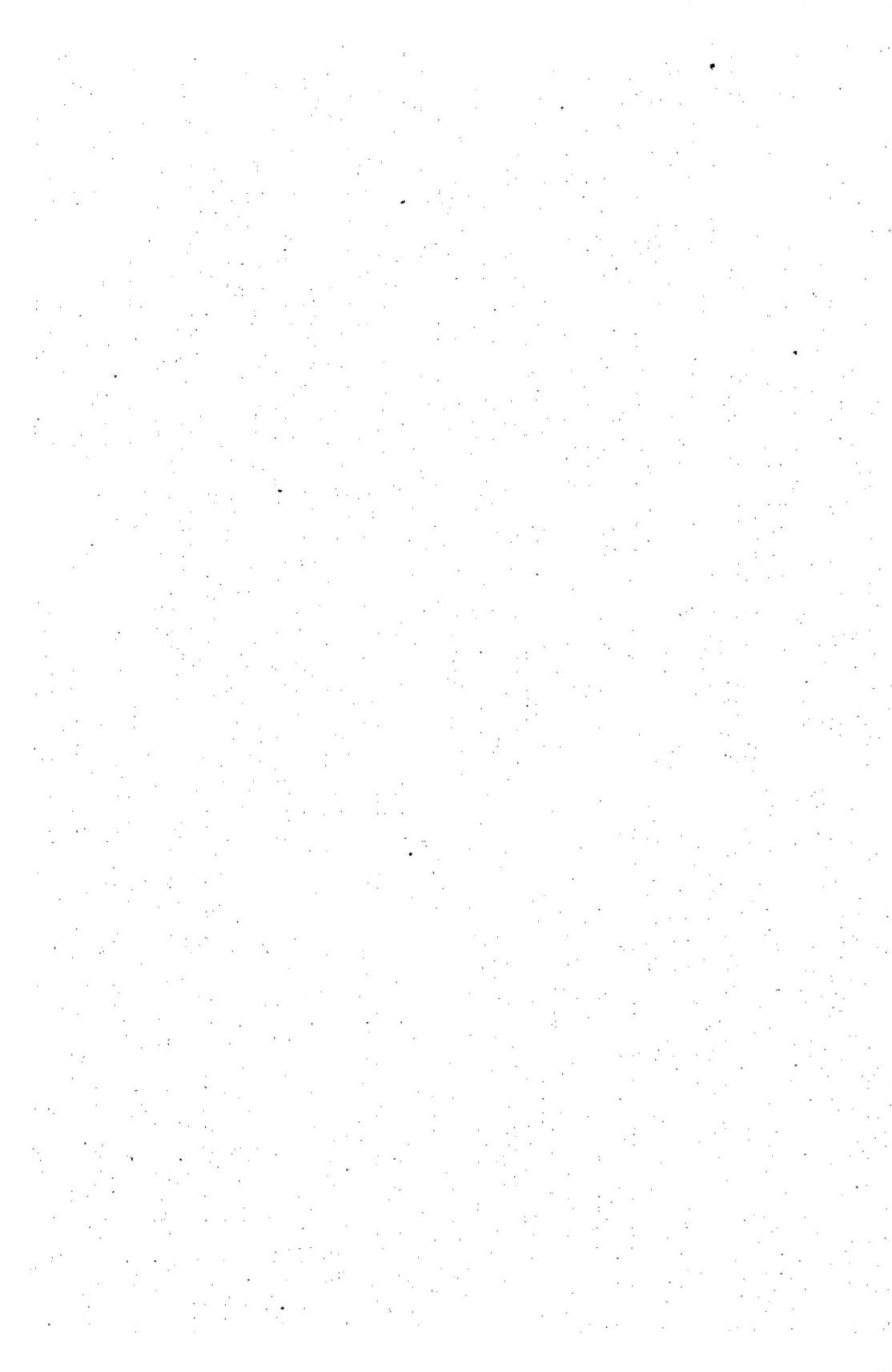

NOTICE GÉNÉALOGIQUE

SUR LA

MAISON DE LÜR,

SUIVIE D'UN PRÉCIS HISTORIQUE

SUR

LES DERNIERS MARQUIS DE SALUCES,

ET SUR

LA CESSION DU MARQUISAT DE SALUCES A LA FRANCE EN 1560.

BORDEAUX,

TYPOGRAPHIE DE DURAND, IMPRIMEUR DE LA PRÉFECTURE,
Allées de Tourny, 7.

—

1855.

A MES NEVEUX, A MON FILS.

MES CHERS ENFANTS,

En réunissant ici les documents épars sur notre famille, j'ai surtout pensé à vous, j'ai voulu vous rendre facile la connaissance des services de nos pères, afin que leur exemple pût vous servir de guide pendant tout le cours de votre vie, et vous engageât sans cesse à bien faire.

L'amour de la patrie doit être le premier et le plus constant de vos sentiments, et ce sentiment n'a pas de plus solide base que les traditions de famille. La France ne date pas d'hier ; des générations nombreuses ont employé et leurs efforts et leur sang à étendre et fixer ses frontières, à jeter les bases de cette unité puissante à laquelle elle est aujourd'hui parvenue, à lui acquérir une gloire militaire éclatante, enfin à préparer les éléments qui ont fait de la nation française la grande nation; nom que ses rivaux eux-mêmes ont dû lui donner.

Or, si minime que soit la part prise par une famille dans ce travail des siècles, elle est, pour les descendants de cette famille, un précieux héritage; il est donc utile de sauver de l'oubli ces honorables souvenirs. J'espère qu'ils contribueront à développer en vous l'amour du pays , ce sentiment déjà si naturel dans toute âme bien née ; j'espère surtout que vous aurez dans le cœur de trop nobles qualités pour qu'une vanité puérile y trouve sa place ; celui-là est bien peu digne d'aïeux distingués, qui se contente de demander à leur mémoire une stérile satisfaction d'amour propre !

Comme je tenais à abréger cette Notice , je me suis borné à citer les arrêts du Conseil d'État et ceux du Parlement , les lettres patentes , les lettres des Rois et celles des Princes de la maison de France , les extraits de Mémoires et de livres historiques dont l'autorité m'a paru incontestée ; mais mon intention est de réunir dans un Recueil plus étendu , une foule de documents qui vous apprendront sur notre famille tout ce que moi-même j'ai pu en apprendre. Je pense que ce travail pourra vous être utile, parce que vous y trouverez la preuve que les générations qui nous ont précédé ont eu leur large part de difficultés et de labeurs qu'elles ont honorablement surmonté, et vous pourrez y puiser des exemples de persévérance pour lutter contre les obstacles que vous rencontrerez à votre tour.

Il ne suffit pas , en effet , pour qu'une famille se perpétue, que le père transmette à ses enfants et son sang et sa vie ; il faut aussi , que l'esprit de conduite, les sentiments d'ordre et de conservation soient héréditaires. Une , deux , trois générations au plus , d'hommes dépourvus de ces qualités ont suffi à toutes les époques pour faire descendre une famille de la position la plus élevée au rang le plus infime. Et comme , quelle que soit d'ailleurs l'organisation politique d'un pays, la famille a été , est , et sera éternellement la base de toute société ; plus l'esprit de conservation régnera dans chacune d'elles , plus la société sera forte et heureuse. C'est pour cette raison que dans tous les temps et chez tous les peuples , les familles anciennes ont été considérées. Cela ne tient point au caprice de l'opinion , aux institutions , à des circonstances fortuites , cela tient, pour me servir de l'expression consacrée par l'illustre Montesquieu, cela tient à la nature des choses. C'est donc faire acte de patriotisme intelligent que d'avoir pour sa propre famille, qui n'est qu'une unité de la grande famille qui forme la nation, cet esprit d'ordre et de conservation qui fait la force de la nation elle-même.

Vous remarquerez, mes chers Enfants, en lisant les documents qui suivent, qu'à toutes les époques vos pères ont été très-attachés aux Rois et aux Princes de la maison de France. Certes cette grande et illustre race royale de France, la première dans les annales du monde, a rendu trop de services à notre patrie, a acquis une gloire trop légitime, pour que vous n'attachiez pas un grand prix aux preuves de cet attachement héréditaire; mais vous remarquerez encore, que depuis plusieurs siècles l'Etat et le Roi ont été une seule et même chose; servir le Roi, c'était servir le pays; être dévoué au Roi, c'était être dévoué à la patrie : ces souvenirs seront donc pour vous doublement précieux.

Maintenant, mes chers Enfants, je ne puis terminer ces quelques lignes qui vous sont adressées, sans vous entretenir de ce qui m'intéresse le plus au monde, sans vous parler de votre avenir.

Vous le voyez, tous nos aïeux sans exception, depuis l'époque la plus reculée jusqu'au marquis Amédée de Lur-Saluces, qui a été blessé en 1812 au-delà de Moscou, au point le plus éloigné de l'Europe où nos bataillons aient paru, et est mort à l'armée d'Espagne en 1823, tous, sans exception, ont suivi la carrière militaire. J'espère donc que vous voudrez faire comme eux.

Et ce n'est point, remarquez-le bien, parce que cette carrière est la plus noble et la plus désintéressée de toutes, que vous ferez bien de la choisir; c'est encore parce qu'il est indispensable que les saines traditions, l'instinct et l'esprit militaires soient conservés dans l'intérêt du pays; et ils ne le seraient pas longtemps, si les

familles qui en ont en quelque sorte le dépôt sacré, venaient à préférer à la noble carrière, d'autres carrières ou plus lucratives ou
plus douces.

Or, je vous répète ici ce que l'étude la plus superficielle de l'histoire suffira pour vous apprendre : un peuple n'est vraiment puissant qu'autant qu'il peut toujours compter sur une armée essentiellement nationale et disciplinée ; et si le passé ne suffisait pas pour
constater cette vérité, le spectacle que présente dans ce moment
même l'Angleterre la rendrait palpable.

Voilà en effet une nation opulente et fière entre toutes, forcée,
après une guerre de quelques mois, d'envoyer recruter ou plutôt
quémander des soldats sur tous les points de l'Europe. Et ce n'est
pas, il est juste de le dire, parce que le cœur et l'énergie manquent
aux propres enfants de l'Angleterre. Mais, habitués dès longtemps
à placer au-dessus du noble, modeste et peu lucratif métier de sol-
dat, d'autres carrières où ils ont trouvé et puissance et richesse,
ils sont comme étonnés de l'appel qui leur a été fait par le pays. Ils
sont prêts à fournir des subsides, mais non à faire le sacrifice de
leur sang, de leur vie, de leur bien-être de chaque jour, et ils pré-
fèrent acheter des mercenaires. Eh! bien, et il ne saurait exister
de doute à cet égard, si l'esprit public anglais ne se modifie pas
complètement, ce sera là, à une époque plus ou moins reculée,
la cause principale de la décadence de l'Angleterre.

Aussi, mes chers Enfants, si plus tard de longues années de
paix entraînaient l'opinion générale de notre pays dans des voies
tout opposées aux idées et à l'esprit militaires, résistez au courant ;
continuez à servir ; une bonne armée ne s'improvise pas ; et le jour
viendra où vous serez au rang des hommes utiles à votre patrie. En
agissant ainsi d'ailleurs, vous vous conduirez en bons et vrais gentilshommes ; car, ne l'oubliez jamais, la véritable étymologie (*) de

(*) Dictionnaire Encyclopédique, tome VII.

ce mot la voici : *Gentis homines ;* les hommes de la nation, les hommes dévoués au service de la patrie !

En attendant, ayez bon courage pour surmonter les difficultés que présente la carrière à son début. De nos jours les lois nouvelles, le grand nombre de sujets distingués que l'on trouve dans l'armée, rendent l'avancement difficile. Mais aussi, tout grade dû au mérite seul, n'est-il pas d'un prix infini ?

Enfin, mes chers Enfants, pour dernier conseil je vous dirai : N'ayez point de luxe au service ; si vous avez de la fortune employez-la chez vous, mais souvenez-vous qu'il n'est de vraiment bons officiers que ceux qui savent vivre comme s'ils étaient pauvres. Les équipages nombreux n'ont jamais été utiles dans une armée, et ils ont souvent, au contraire, causé des revers.

Un mot de moi en finissant, mes chers amis. J'aurais vivement désiré que mon rôle ne se fût pas borné à vous rappeler la conduite de nos pères, et j'aurais voulu que mon propre exemple pût vous être cité. Il n'en est pas ainsi. Toutefois Dieu m'est témoin, que si ma vie a été inutile et inoccupée, ce n'est pas faute de bonne volonté pour qu'il en fût autrement. Mais, les hommes de ma génération se sont trouvés dans une situation exceptionnelle ; et il est d'ailleurs des difficultés de position et de fortune telles, que la plus ferme volonté est réduite par elles à l'impuissance. J'ai cru devoir vous dire ceci, mes chers Enfants, parce que j'ai toujours été frappé de cette devise d'une de nos vieilles familles de France : « *La renommée s'en va si les travaux cessent* ». J'espère donc que vous *reprendrez les travaux* ; que les circonstances vous seront favorables, que vous les seconderez avec énergie, et que cette bonne renommée que nous tenons de nos pères n'ira pas en s'amoindrissant.

Malle, le 1er juillet 1855.

HENRY DE LUR-SALUCES.

NOTICE SUR LA MAISON DE LUR.

La maison de Lur, suivant une tradition constante, est originaire de Franconie. Elle est établie en Limousin, près d'Uzerche, depuis le Xe siècle, ainsi que le prouvent les donations faites aux abbayes de Solignac, Dalon, etc. (')

Les divers membres de cette maison ont, sans exception, depuis cette époque jusqu'à nos jours, suivi le parti des armes.

Quatre seigneurs de Lur du nom de Boson, trois du nom d'Aimeric et plusieurs autres du nom de Pierre de Guy et de Jean, figurent au nombre des chevaliers du Limousin dans les annales de cette province, depuis l'an 990 jusqu'en l'an 1300. ('')

On trouve à la bibliothèque royale les quittances de Géraud de Lur, chevalier, scellées de son sceau (de gueules à trois croissants d'argent), pour ses appointements et ceux de sa compagnie, des 25 août 1353, 20 juillet, 22 août

(') Bibliothèque du roi, manuscrit de Gaignières, titres du Limousin, portefeuille 3, pages 406, 410, 411. Cartulaire de Solignac, 51; cartulaire d'Uzerche, 31; cartulaire de Dalon, 31, 101; cartulaire de Saint-Martial, 105, etc., etc.

('') Archives de Solignac, de Saint-Martin de Lars, de Rochechouart, des Alloix, nobiliaire manuscrit du Limousin, Manuscrit de Villevielle à la bibliothèque du roi, etc., etc.

et 5 septembre 1354. Géraud de Lur fut enterré dans l'église de Fraissinet, où l'on voyait autrefois son mausolée ; il y était représenté en habit de chevalier, armé de toutes pièces, l'épée haute à la main.

En 1454, Bertrand de Lur, deuxième du nom, fut un des exécuteurs testamentaires de Guillaume de Bretagne, comte de Penthièvre et de Périgord, et vicomte de Limoges. Et conjointement avec les seigneurs de Comborn, de Pierre Buffière, de Pérusse d'Escars et de Bonneval, il fut tuteur des enfants du même Guillaume de Bretagne.

Charles de Lur fut tué à la bataille de Ravennes, en 1512.

Pierre de Lur fut tué à la bataille de la Bicocque, en 1520. Du Haillan, dans son histoire de France, dit : *que Pierre de Lur, seigneur de Longa, de l'illustre maison des de Lur en Périgord*, périt dans cette sanglante journée.

Vély rapporte également : *qu'un amour immodéré de la gloire avait porté plusieurs jeunes seigneurs des premières familles de France à combattre à pied*, et parmi eux il mentionne Pierre de Lur.

Daniel en parle aussi à l'occasion de cette même bataille.

Vers le milieu du XVe siècle cette maison s'est divisée en deux branches. L'aînée conserva les terres de Longa, Barrière, Villamblard, Saint-Louis, Mucidan, La Sauvetat, Roussille, Ferrière, etc., en Périgord, et les terres de Fraissinet, du Breuil et Flavignac, en Limousin.

Son dernier représentant était à la fin du seizième siècle *Michel de Lur*, Seigneur de Longa, gentilhomme de la Chambre du roi et chambellan du roi de Navarre. Il reçut le roi de Navarre dans son château de Longa, et le souvenir de cette réception a été conservé longtemps.

Sully raconte que lorsque, bravant bien des difficultés,

il traversa la France en 1585, pour rejoindre le roi de Navarre, alors à Bergerac, il s'arrêta chez M. de Longa. Michel de Lur était, par sa femme, cousin germain de Sully.

Quatre fils de Michel de Lur moururent jeunes et sans avoir été mariés, et les biens de cette branche passèrent dans les maisons de Taillefer, de Rohan-Chabot, de Clermont Piles et de Masparault par le mariage des trois filles de Michel de Lur.

1° *Anne de Lur*, mariée en 1579 avec Daniel de Taillefer;

2° *Henriette de Lur*, mariée en 1613 à Charles de Chabot, baron de Saint-Aulaye, fils de Léonor Chabot, baron de Jarnac, et de Marguerite de Durfort-Duras;

3° *Marie de Lur*, mariée le 12 juin 1604 à Henri de Clermont, baron de Piles; 2° le 25 juin 1617, à Pierre de Masparault, gentilhomme servant de Madame, sœur unique du roi.

La maison de Taillefer remonte aux anciens comtes d'Angoulême.

La maison de Chabot est assez connue pour qu'il soit superflu d'en parler ici; toutefois, il n'est pas sans intérêt de rappeler que lorsque Henri de Chabot, fils cadet de Charles de Chabot et d'Henriette de Lur, fut préféré par Marguerite de Rohan aux divers princes souverains qui avaient brigué l'alliance de cette héritière, on donna pour raison de cette préférence les sentiments qu'Henri de Chabot avait inspirés à Marguerite de Rohan. Or, Mme de Motteville et d'autres historiens du temps rapportent qu'Henri de Chabot étant cousin de Marguerite de Rohan, cette parenté avait facilité des relations qui plus tard décidèrent un mariage très avantageux pour un cadet de la maison de Chabot.

En effet, si sous le rapport de la naissance, par sa position dans le royaume, par ses alliances directes avec les maisons de Lorraine, de Luxembourg, de Sancerre, de la Rochefoucauld, de Rochéchouart, de Sainte-Maure, de Craon, d'Harcourt, de Vivonne, de Chastillon, etc., etc., la maison de Chabot n'avait rien à envier à la maison de Rohan, sous le rapport de la fortune il en était tout autrement, et l'héritière de Rohan était au XVIᵉ siècle un des premiers partis de l'Europe.

Or, Henry de Chabot était cousin par sa mère Henriette de Lur de Marguerite de Rohan, attendu qu'Henriette de Lur était petite-fille de Marie de Béthune, et par elle cousine issue de germaine de Marguerite de Béthune Sully, duchesse de Rohan, mère de Marguerite de Rohan.

La maison de Clermont Piles était une des plus considérables du Périgord. Le capitaine Piles fut, dans les guerres du XVIᵉ siècle, un des chefs les plus renommés du parti protestant, et son nom se retrouve à chaque page des mémoires de cette époque.

La maison de Masparault était ancienne et distinguée.

BRANCHE DE LUR-SALUCES.

La seconde branche de la maison de Lur, seule existante aujourd'hui, a pour tige :

PIERRE DE LUR, deuxième du nom, qualifié très haut et très puissant seigneur, comme le furent depuis tous ses descendants, baron de Malengin, fils unique du second lit de Bertrand II de Lur, dont il a déjà été parlé, et de Marie de Farouil, veuve en premières noces du seigneur de Pérusse d'Escars, et en secondes noces de Bosoa de Barrière, seigneur de Longa.

Pierre de Lur épousa, par contrat passé au château de Ribérac, le 21 août 1472, Izabelle de Montferrand, vicomtesse d'Uza, dame de Fargues, Bélin, Aureilhan, etc.

Les terres de Malengin, d'Uza et de Fargues appartiennent encore aujourd'hui à Bertrand, marquis de Lur-Saluces, onzième descendant en ligne directe de Pierre de Lur et d'Izabelle de Montferrand.

La maison de Montferrand était une des plus puissantes de la Guienne, et pour donner une idée du rang qu'elle occupait, nous ne pouvons mieux faire que de citer les faits suivants :

Dom de Vienne, dans son histoire de Bordeaux, rapporte qu'en l'année 1387, un combat singulier eut lieu sur la place Saint-André entre le sire de la Rochefoucault et le sire de Montferrand, chacun parut sur le champ de bataille accompagné de *deux cents chevaliers*, ses parents ou ses alliés.

En 1451, lorsque la Guienne fut définitivement réunie à la France, on trouve dans la même histoire de Bordeaux, que le lendemain du jour où avait été signé le traité de réunion, Bertrand de Montferrand, premier baron du Bordelais, et qui avait à sa disposition cinq places fortes, signa un traité particulier par lequel le roi de France s'engageait spécialement à le conserver dans toutes ses terres, droits et revenus.

Enfin, Sully, dans ses mémoires, met la maison de Montferrand Langoiran sur le même rang que celle du vicomte de Turenne, depuis duc de Bouillon.

Deux autres alliances eurent lieu entre les maisons de Montferrand et de Lur; Jean de Lur, seigneur de Bellegarde et de Ferrières, épousa autre Izabelle de Montferrand; et Louis de Lur, vicomte d'Uza, épousa Marie de Montferrand.

Ce sont ces alliances qui ont fixé la maison de Lur en

Guienne, et elle a cet avantage de n'être venue dans cette province qu'au moment où Bordeaux devint une ville française. De même aussi, elle conserve, comme une tradition précieuse, ce souvenir transmis de génération en génération : qu'au temps des guerres féodales, alors qu'une partie de la France était soumise aux Anglais, tous ses membres, sans exception, suivirent la bannière française, de sorte, que plusieurs eurent la gloire de verser leur sang sous cette bannière, et nul ne servit contre.

Pierre II laissa entre autres enfants :

PIERRE III de Lur, chevalier, vicomte d'Uza, baron de Fargues, Aureillan, Bélin, Salles en Buch, Castets en Dorthe, Béliet, Les Jauberthes, etc., etc., gouverneur de Saint-Séver, gentilhomme de l'Hôtel des rois Louis XII, François Ier et Henri II. Le vicomte d'Uza reçut de Henri, roi de Navarre et gouverneur de Guienne, une lettre missive datée de Pau, le 22me jour de mai 1549, qui lui donnait l'ordre de s'emparer de Lesparre.

Une autre lettre missive de Henri II, roi de France, datée de Tours, le 6me jour de mai 1551, lui prescrivant des mesures à prendre par rapport au prieuré de Mons. Ces deux lettres existent encore.

Pierre de Lur vendit, le 22 juillet 1549, à Jacques d'Albon, seigneur de Saint-André et maréchal de France, les droits qu'il tenait de Souveraine d'Albret et de Jeanne de Fronsac, ses aïeules maternelles, sur la terre et vicomté de Fronsac.

Pierre de Lur avait épousé :

1° Jeanne d'Aubusson, fille d'Antoine d'Aubusson, bailli d'Anjou et de Touraine qui, après s'être distingué dans les guerres contre les Anglais, alla au secours du grand maître de Rhodes, son frère;

2° Nicole de l'Isle, dame de Castets en Dorthe, de Monedey, et des Jauberthes, fille et héritière de Jean de l'Isle, chevalier, seigneur des mêmes lieux.

Pierre de Lur eut de sa seconde femme entre autres enfants :

Louis I qui suit ;

Et *Bonaventure de Lur*, mariée en 1560 à Gaston de l'Isle, baron de la Brède, de lui sont descendus le président de Montesquieu et M. Prosper de Montesquieu, aujourd'hui propriétaire de la Brède.

Ces seigneurs de l'Isle étaient très puissants et très anciens, ainsi qu'on peut le voir dans l'histoire de Dom Devienne.

II. LOUIS de Lur, vicomte d'Uza, baron de Fargues, Malengin, vicomte d'Aureillan, seigneur de Bélin, Salles, Biscarosse, Béliet, les Jaubhertes, Castets en Dorthe, fut chevalier de l'ordre du roi, chambellan de Sa Majesté, gouverneur de Saint-Sever, vice-amiral de Guienne, sénéchal du Bazadais, chef et capitaine général des galères au siége de la Rochelle. Il mourut à ce siége. L'historien de Thou dit : « *On regretta surtout le vicomte d'Uza, très bon officier de terre et de mer.* » Montluc parle plusieurs fois de lui dans ses commentaires. Entre autre, à l'occasion du siége de Rabastens, et dans une lettre écrite au roi :

« Et quand ce vint au jour de l'assaut, voyant que les » deux premières troupes n'allaient pas à l'assaut comme » j'eusse pu désirer, je marchai moi-même à la brèche ac- » compagné des seigneurs de Goas et vicomte d'Uza, et » suivi d'environ cent ou six vingts gentilshommes, desquels » il y eut quarante-deux blessés et je fus du nombre, estant

» blessé en tel lieu que j'en porterai toute ma vie la marque. »

Voici quelques-unes des lettres qui lui ont été adressées par les rois Charles IX et Henri III alors duc d'Anjou, et par le prince de Condé, et qui ont été conservées jusqu'à nos jours par ses descendants :

Lettres de Charles IX à Louis de Lur, vicomte d'Uza.

« Notre amé et féal, voyant les troubles qui sont pour cejourd'hui de toutes parts en notre royaume, et la nécessité qui nous a contraint de prendre les armes, non seulement pour châtier nos sujets qui se sont rebellés, mais aussi pour repousser les étrangers qu'ils y ont appelés; il nous a semblé qu'il était plus que requis et nécessaire de appeler auprès de nous tous ceux qui ont quelque amour à leur patrie et quelque dévotion au bien de notre service. D'autant, que étant les Anglais, contre toute raison et équité, entrés dedans nos places et s'étant saisis de celles de Dieppe et du Hâvre, la cause de la religion qui jusqu'ici en a arrêté aucuns en leurs maisons, cessant du tout, et en cette guerre n'est plus question de religion mais seulement de la conservation de notre couronne, laquelle demeurant lesdites places aux mains desdits Anglais se peut dire aucunement diminuée. En l'autre côté entrant les Allemands par un autre endroit dans notre royaume et marchant avec quelques forces de gens de pied et de cheval, nous ne pouvons estimer que leur intention et de ceux qui les y appelent soit autre que celle des desdits Anglais, et pour ce que nous ne pouvons estimer, qu'il y ait homme en ce royaume qui ait quelque ressentiment de la piété et de l'amour qu'il doit avoir à sa patrie, ni aucun de nos subjets qui ait quelque connaissance de Dieu si mal intentionné en notre endroit qui puisse trouver bon ni appouver de voir nos subjets mettre nos villes entre les mains de ceux qui ont été les plus anciens ennemis de cette couronne. A cette cause nous voulons et vous mandons que vous ayez incontinent à faire publier par toute votre sénéchaussée que s'il y en a aucun de la nouvelle religion de qui les biens aient été saisis ou qui n'oseront retourner dans leur maison de peur d'être repris de la justice que venant nous servir en l'armée que nous avons présentement contre les Anglais ou allant en celle que nous levons en Champagne contre les Allemands que notre vouloir et intention est de leur remettre toute la faute qu'ils pourraient avoir faite du passé d'avoir pris et porté les armes contre nous et notre autorité, sans que pour cette heure ou pour l'avenir ils puissent être seulement recherchés ni inquiétés. Et quant à leurs biens entière main-levée leur soit faite et la saisie levée sans que en la jouissance d'iceux il leur puisse être fait mis ou donné aucun trouble ou empêchement en vous faisant apparoir d'un certificat de nous ou de notre très cher et très amé oncle le roi de Navarre notre lieutenant général, ou bien de notre très cher et très amé cousin le duc de Nivernais ou de notre amé et féal cousin le sieur de Saint-André maréchal de France que nous avons commis pour commander à l'armée que nous rassemblons du côté de Champagne comme ils sont en notre service actuellement avec armes chevaux et équipages selon leur qualité, vous mandons très expressément enjoignant d'y tenir la main pour les faire jouir de l'effet que dessus. Et quant à ceux qui en feront difficulté et qui ne voudront ni venir servir leur prince contre l'étranger qui lui veult usurper ses places, ni recevoir la grâce que nous leur offrons, nous voulons et vous mandons que vous fassiez saisir et mettre en notre main les biens de ceux là et contre iceux observer la rigueur desdits arrests donnés en notre Cour du Parlement, d'autant que par là ils se montreront non seulement indignes de notre grâce et miséricorde mais remplis d'une très mauvaise volonté à l'endroit de nous et de notre service. Cy n'y faites faute, car tel est notre plaisir.

» Donné au camp devant Rouen, octobre 1561.

» CHARLES.

» SUBLET. »

A M. le Vicomte d'Uza, chevalier de mon ordre.

« Monsieur d'Uza envoyant présentement par delà mon cousin le marquis de Villars admiral de France et mon lieutenant-général au gouvernement de Guyenne. Bien instruit de mon intention et de ce que je veux être fait en ces occasions. J'ai bien voulu vous écrire la présente pour vous prier bien fort que vous soyez content de vous conformer à mesdites intentions, et satisfaire de tout votre pouvoir à ce que

2

vous en dira mondit cousin, vous assurant que vous me ferez service très agréable. Priant Dieu Monsieur d'Uza vous avoir en sa sainte
grâce.

» Escrit à Paris le dernier jour d'août 1572.

« CHARLES.

» DE NEUVILLE. »

Autre lettre de Charles IX.

«Monsieur le Vicomte je me promets tant de l'affection que vous por-
tez à mon service, que je suis tout assuré qu'il n'y a rien qui vous soit
plus recommandé. Vous avez aussi fait tant de preuves de bon ser-
viteur que vous devez croire en être aimé et estimé de votre maître
autant que le sauriez désirer. Il est aujourd'hui question plus que jamais de me servir ès occasions lesquelles ont fait naître ce qui s'est
passé pour assurer ma vie et mon état (*). Je considère bien la
dépense que vous avez faite et combien vous êtes en arrière ayant
engagé tout ce que vous avez et celui de vos amis pour vous équipper pour faire ce voyage (**) de mer en intention de me servir par
ma permission. En quoi demeurerez sans aucun moyen de changer
votre équipage et vous résoudre (récupérer) de telles dépenses et qui
plus est aurez un merveilleux regret qu'elles demeurent inutiles ;
mais aussi je vous prie prendre cette assurance de moi, que je serai
bien marri que vous en demeurassiez là. Ainsi bonne intention de
vous bientôt aider à sortir et récompenser de vos dépenses et vous
donner de quoi dresser un nouvel équipage de façon que vous de-

(*) La Saint-Barthélemy qui venait d'avoir lieu.

(**) Il est ici question d'une expédition en mer dont le but était de conqué-
rir la côte d'Afrique vers le canal de Mozambique, afin d'y former un établis-
sement. Une première expédition avait été tentée en 1568 par les deux fils de
Montluc, Pierre et Fabien, en compagnie des vicomtes d'Uza et de Pompadour. Une tempête ayant jeté une partie de l'expédition sur les côtes de Madère, ils furent reçus à coups de canons par les Portugais. Il firent alors une
descente, enveloppèrent les Portugais et en tuèrent huit cents ; puis ayant
emporté la ville de Madère d'assaut, ils y perdirent le fils aîné de Montluc et
revinrent en France. Il s'agissait en 1572 de reprendre cette expédition de
Mozambique pour laquelle le vicomte d'Uza avait fait les préparatifs ou équipages dont il est ici question dans la lettre du roi.

(Voir Moreri, à l'article Montluc, et les commentaires de Montluc.)

meurerez content et zatifait selon que je l'ai écrit par ci-devant à mon cousin le sieur de Strozzi (*) pour le vous faire entendre de ma part. Et aussi que j'ai déjà reçu plus de service de votre assemblée (de votre réunion au sieur de Strozzi). Depuis ce changement que ne m'en eussiez pu faire en exécutant votre dit (**) voyage, quand bien m'eussiez conquis un royaume. La partie se peut remettre à une autre fois, cependant je vous prie demeurer ensemble et être content me servir en ce qui se présentera où sera mondit cousin le sieur de Strozzi selon les moyens que vous avez, et je ne vous oublierai jamais comme j'ai donné charge au capitaine Borda vous dire. Je prie Dieu Monsieur le Vicomte qu'il vous tienne en sa garde.

» Escrit à Paris le 14 septembre 1572.

» CHARLES.

D DE NEUFVILLE. »

Vaisseau mis à la disposition du vicomte d'Uza par le roi Charles IX.

« Aujourd'hui 25ᵐᵉ jour de juillet 1571 le roi étant à Fontainebleau, désirant gratifier en tout ce qui lui sera possible le sieur vicomte d'Uza en reconnaissance des bons et signalés services qu'il a fait à cet état et couronne, lui a accordé et accorde un navire nommé le *Charles* appartenant à Sa Majesté, étant au hâvre de Bordeaux, pour en faire par lui durant la paix et s'en servir en ce qui lui semblera bon être pour son profit et commodité, soit pour voyage sur les mers de Sa Majesté ou autres. Pourvu que avec icelui, il n'offense aucun des princes ses voisins, amis ou alliés ou confédérés, ni leurs sujets. Et aussi à la charge qu'il sera tenu de le faire radoubber et racoutrer en état de faire voyage et que la guerre survenant il le remettra aux mains de Sadite Majesté ou autres personnes qui lui sera par elle commandé. M'ayant en témoin de ce ledit seigneur commandé d'en expédier audit sieur vicomte d'Uza le présent brevet.

» DE NEUFVILLE. »

(*) Pierre de Strozzi, maréchal de France et colonel général de l'infanterie, cousin du roi par son aïeule Claire de Médicis.

(**) Un royaume sur la côte d'Afrique, but de l'expédition préparée par le vicomte d'Uza.

Autre lettre de Charles IX.

« Monsieur d'Uza, d'autant qu'il est important pour mon service que je fasse au plutôt accommoder mon cousin le marquis de Villars d'artillerie, poudres et boulets, pour avec les forces qu'il a prêtes par delà exécuter ce que je lui ai commandé, et qu'il m'a fait entendre, que lui avez dit en aviez quatre canons sous votre charge, qui ne vous peuvent de rien servir. J'ai advisé vous écrire les lui bailler. A cette cause je vous prie et vous ordonne Monsieur d'Uza les lui faire incontinent délivrer ainsi que je l'écris au sieur de Biron grand maître de mon artillerie. En quoi m'assurant que vous ne ferez faute, je prie Dieu vous donner Monsieur d'Uza sa sainte grâce.

» A Paris le 12me jour de décembre 1572.

» CHARLES.

« DE NEUFVILLE. »

Lettre d'Henri III alors duc d'Anjou.

« Monsieur d'Uza comme le roi monseigneur et frère était après pour recouvrer de l'artillerie, pour envoyer à mon cousin le marquis de Villars, il a entendu que vous aviez sous votre charge quatre canons qui ne vous peuvent de rien servir, lesquels il vous mande lui faire délivrer. Vous priant au plus tôt d'y satisfaire. Et à ce que vous dira le sieur de Biron grand maître de son artillerie, et je prierai Dieu Monsieur d'Uza vous avoir en sa garde.

» Escrit à Paris du 12 décembre 1572.

» Votre bon amy,

» HENRY. »

Autre lettre du même.

« Monsieur le Vicomte, comme je sais que votre présence servira de beaucoup, en l'armée de mer pour vous employer en plusieurs bonnes occasions qu'y s'y présentent dès maintenant. Je vous prie si les six vaisseaux que vous avez commencé à préparer ne se trouvent prêts, ne laissé de partir incontinent la présente reçue avec le vaisseau seulement, pour vous rendre en ladite armée le plus tôt qu'il vous sera possible, laissant quelque gentilhomme que vous croirez être propre pour en votre absence pourvoir à l'équipage des autres cinq vaisseaux qui demeurront, afin que incontinent qu'ils seront en état il les conduise et achemine en ladite armée. Pour à quoi donner moyen j'écris aux deux généraux de Bordeaux et au receveur général fournir jusqu'à trente mille livres, compris les quatre mille que je leur ai par ma dernière mandé de vous délivrer. Et ou ladite somme ne se pourrait sitôt recouvrer, afin d'éviter tout retardement leur faire faire prests des biscuits et munitions nécessaires, dont je les ferai après rembourser. Mais parce que je vous désire infiniment en ladite armée, en même temps que j'espère y arriver, qui sera vendredi prochain, je vous prie de rechef sur tant que vous aimez le service du roi monseigneur et frère et le mien ne perdre une seule heure de temps à vous y rendre. Priant sur ce le Créateur Monsieur le Vicomte vous avoir en sa sainte garde.

» Escrit à Saint-Maixent le 11me jour de février 1572.

« Votre bon amy, »

« HENRY. »

Autre lettre du même.

« Monsieur le Vicomte j'ai vu ce que vous avez écrit à mon cousin le maréchal de Cossé, dont j'ai été fort satisfait et m'assure que de votre part il n'arrivera aucune faute en ce que vous verrez être pour le service du Roi monseigneur et frère, au surplus vous ne sauldrez suivant ce que je vous écrivis hier au soir à me venir trouver pour chose qui importe au service de Sa Majesté. Et sur ce je prierai Dieu Monsieur le Vicomte vous avoir en sa sainte garde. Escrit au camp de Nyeul ce 27 febvrier 1573.

» Je vous prie de donner ordre que vous fassiez tenir prests les huit pataches (*) que le roi monseigneur et frère doit avoir pour se venir incontinent rendre après la caracque (**). J'ai depuis advisé d'en-

(*) Pataches, petit vaisseau de guerre destiné au service des grands navires. (*Dict. Encyclopédique.*)

(**) Caracque, nom que les Portugais donnaient aussi aux vaisseaux qu'ils appelaient *Naos* ou navires par excellence. Ce sont de grands vaisseaux qui ont quelquefois sept ou huit planchers et sur lesquels on peut loger jusqu'à dix mille hommes. (Voir *le même Dictionnaire*.)

voyer près ladite caracque mondit cousin le maréchal de Cossé pour parler à vous afin que vous ne perdiez temps , lequel vous fera entendre mon intention. »

Autre lettre du même.

« Monsieur le Vicomte, j'ai reçu votre lettre escripte cejourd'hui, par laquelle vous m'advertissez des nouvelles que vous avez eues de trente navires qui étaient prets à partir pour le secours de ceux de La Rochelle, sur quoy je vous prie suyvant la promesse que vous m'avez faicte et le commandement que je vous ai donné , que étant ce faict de telle importance que vous scavez , que vous et toutz les autres capitaines de navires vous teniez prets pour les combattre selon et ainsi qu'il a été résolu de façon que ce secours qu'ils attendent , ne puisse entrer en quelque sorte que ce soyt. Et parce que vous m'écrivez que vous n'avez assez de forces de celles que je vous ai ordonnées et qu'il reste quelques navires et même ceux où le sieur Branthomme et le capitaine Mattré commandent, j'ay ordonné qu'ils vous soient envoyés et au commissaire Rouzé les vivres qui vous sont pour ce nécessaires ; et quant à l'offre que vous me faictes de venir ici pour avoir entendu que je voulais donner un assault général , je sçais assez votre vertu et vaillance et que vous y serviriez de beaucoup ; mais sachant combien il importe d'empescher les secours du côté de la mer, et que vous ne sçauriez faire un plus grand service au roi que celuy-là , je vous prie , Monsieur le Vicomte, ne bouger point des navires et combattre de telle façon ce qui viendra pour le secours des ennemys que nous aions la victoire, comme j'espère que nous aurons par votre moyen et le bon ordre que vous mettrez à les combattre ; à quoy je désire que ung chacun soit si résolu que l'on ne puisse être surpris ; priant Dieu , Monsieur le Vicomte, qu'il vous ayt en sa sainte garde. Escrit au camp le Xme jour d'avril.

> » Votre bon amy,
>
> » HENRY. »

Lettre de Louis Iᵉʳ, prince de Condé, à Louis de Lur, vicomte d'Uza.

« Monsieur le Vicomte j'ai su le bon devoir que vous avez fait de conserver la ville de Bazas en l'obéissance du roi monseigneur, suivant la charge qui vous en avait été baillée, mais pour ce que je crains que quelque affaire particulière vous en détournat, j'ai bien voulu pour le danger que ce serait, que cela fût cause de quelque facheuse entreprise contre le service de Sadite Majesté et le repos du public, vous prier n'abandonner point ladite ville de Bazas. Ainsi continuer à y user de l'autorité par le moyen desquels vous l'avez conservée jusqu'ici. Ce faisant vous pouvez être certain que j'en ferai rapport en si bon endroit que j'espère cela vous tournera à honneur et profit. Mettant peine au parfin (*) de me tenir souvent adverty par la voie et adresse de M. de Noailles (**) de tout ce qui s'offrira en vos quartiers afin que le sachant j'aie moyen d'y pouvoir bien et promptement rémédier, m'assurant que ne ferez faute d'y satisfaire dilligemment. Je vais prier Dieu vous donner Monsieur le Vicomte ce que désirerez.

» De (illisible) le 6 octobre 1562.

» Votre bien bon amy,

« LOUIS DE BOURBON. »

Lettre de M. de Noailles à Louis de Lur, vicomte d'Uza.

« Monsieur mon cousin, vous ne sauriez mieux faire que de mettre à exécution ce que vous m'avez écrit, suivant l'avis de M. d'Escars et le mien qui louons fort votre exploit, mais il faut s'il vous plait que vous choisissiez parmi ceux de la commune de Budos (***) les principaux et les plus fidèles et non suspects de la religion pour conserver cette place, et la leur baillez en garde avec acte de notaire

(*) Prenant soin en dernière analyse.

(**) Antoine seigneur de Noailles, capitaine de cent hommes d'armes, lieutenant du roi en Guyenne, gouverneur et maire de Bordeaux. Son tombeau se voit dans l'église de Saint-André.

(***) Budos, ancien château fortifié près de Sauternes.

pour le service du roi et de ne la rendre qu'à Sa Majesté ses lieute-
nants-généraux et qui auront charge de lui, me recommandant à
toutes vos bonnes grâces.

» Deux mots de M. Baché vous fera entendre la bataille. (*)

» Du Hâ à   ce 22 décembre 1562.

         » Votre humble cousin ,

                 » NOAILLES. »

On trouve, en outre, dans les provisions de charges de
Louis de Lur, vicomte d'Uza, un brevet de la première
charge de maréchal de France qui viendrait à vaquer, parce
qu'en ce temps là il n'y en avait que quatre. La mort, qui
l'atteignit à l'âge de trente-huit ans, ne lui permit pas d'obtenir cette récompense. Louis de Lur eut de Marie de Montferrand :

JEAN de Lur, deuxième du nom, gentilhomme de la
Chambre du roi, gouverneur du Château-Neuf de Bayonne,
conseiller du roi en ses conseils d'Etat et privé, etc. Il servit
dans les diverses guerres de son temps et notamment à l'armée du duc de Joyeuse.

Voici quelques-unes des lettres qui lui furent écrites par
Henri IV et par Marie de Médicis :

Lettre de Henri IV à Jean de Lur, vicomte d'Uza.

« Monsieur d'Uza combien que j'aie toujours été très assuré de la
fidélité et affection que vous avez à mon service, je n'ai laissé d'a-
voir plaisir de voir la nouvelle confirmation que vous m'en donnez
dans votre lettre, que j'ai reçue par le porteur, vous la pouvez bien
aussi prendre et recevoir par celle-ci de la bonne volonté que j'ai
en votre endroit que vous trouverez accompagnée des effets quand
les occasions s'en offriront. Pour l'affaire dont cedit porteur m'a fait
parler de votre part. Etant chose qui dépendait de mon conseil, je

(*) La bataille de Dreux qui venait d'être donnée.

n'y ai pu faire autre chose que de la y renvoyer; et leur faire entendre que je désirais que vous fussiez gratifié en tout ce qu'il serait possible comme je m'assure qu'il aura été fait, et s'il en restait encore quelque chose à parfaire, il s'achèvera quand vous serez par deçà où je désire que vous vous acheminiez. Si vous le faites bientôt vous y trouverez bien près de trois mille gentilshommes qui y sont accourus sur le bruit que les ennemis ont fait courir qu'ils venaient quérir leur revenche; (*) en laquelle j'espère qu'ils ne feront guère mieux leurs affaires que en la première partie, mais s'ils ne se hâtent ils nous trouveront dans Paris qui est réduit à telle nécessité qu'il ne peut plus guère subsister. Vous avez intérêt qu'il se recouvre, qui vous sera un nouvel aiguillon pour vous faire hâter de partir; ce que vous pouvez faire aux assurances que vous serez ici aussi bien vu et reçu que aucun autre de votre condition. Sur ce je prie Dieu Monsieur d'Uza vous conserver en sa sainte garde. Ecrit au camp d'Aubervilliers ce premier jour de juillet 1590. »

» HENRY.

» FORGET. »

Quoique catholique, Jean de Lur fut des premiers à reconnaître Henri IV après la mort de Henri III. Adversaire constant des ligueurs, sa maison avait été pillée à Paris, et c'est peut être à cet événement qu'Henri IV fait allusion quand il écrit « Vous avez intérêt qu'il se recouvre. » Dans un procès entre la comtesse de Béarn et la maison de Lur-Saluces, le mobilier enlevé en cette occasion à Jean de Lur, vicomte d'Uza, et à sa femme Catherine-Charlotte de Saluces, est évalué à soixante mille francs.

Lettre de Marie de Médicis, régente, à Jean de Lur, vicomte d'Uza.

Monsieur le Vicomte j'ai été advertie que vous étiez en quelque traité avec le comte de Grammont pour la capitainerie du Château-

_____

(*) La revenche de la bataille d'Ivry que le roi venait de gagner.

Neuf de la ville de Bayonne de laquelle votre fils a été pourvu. Et parce que je sais que le feu roi monseigneur était très content que cette charge demeurat en votre maison, et que pour cette considération il apprit bien volontier la résignation que vous en fites en faveur de votre dit fils, n'ayant pas même jugé qu'il fut à propos pour le bien de son service qu'elle tombât entre les mains de celui qui serait pourvu du gouvernement de Bayonne, pour ces mêmes considérations je n'ai pas estimé que cela se doive, et ne puis avoir agréable que vous ni votre dit fils passiez plus outre audit traité, et désire que vous conserviez cette charge en votre maison, comme vous avez fait par si longues années et dont vous vous êtes acquitté très dignement. En quoi comme vous avez acquis beaucoup de mérite aussi j'aurais soin de reconnaître vos services et de l'avancément de votre dit fils aux occasions qui s'en présenteront. Priant sur ce Dieu monsieur le vicomte d'Uza vous avoir en sa sainte garde.

» Escrit à Paris ce 20ᵐᵉ jour de juillet 1620.

» MARIE.

» PHELIPPEAUX. »

Brevet de Conseiller d'Etat et du Conseil privé délivré à Jean de Lur, vicomte d'Uza, en 1611.

« Aujourd'hui 25 du mois d'avril 1611 le roi étant à Fontainebleau bien informé des bons et fidèles services que le sieur vicomte d'Uza a rendu au feu roi son père en plusieurs occasions où il a été dès longtemps employé, et qu'il s'est rendu bien digne et capable du maniement et conduite des plus importantes affaires de cet état, ce voulat pour cette occasion s'en servir et l'appeler en son conseil, Sa Majesté de l'avis de la reine régente sa mère a ledit sieur vicomte d'Uza ordonné constitué et étably son conseiller en son conseil d'état et privé, veut et entend qu'il y ait doresnavant entrée, séance et voix délibérative, jouisse des honneurs, autorités, prérogatives, prééminances, gages et droits qui y sont attribués, ainsi que les autres conseillers en icelui conseil, et fasse à cette fin ès mains de M. de Sillery chancelier de France le serment pour ce requis et accoutumé. En témoin de quoi Sadite Majesté m'a commandé lui en expédier le présent brevet, qu'elle a voulu signer de sa main et être contresigné par moi son conseiller secrétaire d'état et de ses commandements.

» LOUIS.

» PHELIPPEAUX. »

Les remontrances adressées aux Etats généraux tenus à Sens en 1614, par la noblesse de Guienne, furent rédigées et signées dans le logis du vicomte d'Uza, l'un des commissaires à ce faire député, de toute la noblesse de la grande sénéchaussée de Guienne; ainsi qu'il appert du procès-verbal fait à Bordeaux, le 12 août 1614.

Jean de Lur avait épousé, en 1586, Charlotte-Catherine de Saluces, filleule de Charles IX et de Catherine de Médicis, fille et héritière d'AUGUSTE, marquis de Saluces, chevalier de l'ordre du roi, gentilhomme de sa Chambre, et de Marie de Blémur.

Dans le contrat de mariage, le marquis de Saluces dit : « S'il plaît à Dieu donner lignée à madite fille, je veux que » le deuxième enfant qui viendra d'elle porte le nom et les » armes de Saluces. » Dans son testament il confirme cette volonté : « Le testateur, y est-il dit, veut et entend que le » deuxième enfant de sa fille, soit mâle soit femelle, porte » le nom de Saluces et promette porter les armoiries dudit » sieur de Saluces avec les siennes, pour toujours avoir » commémoration et souvenance dudit sieur marquis de Sa- » luces, testateur, d'autant qu'ils porteront le nom de sa » maison très illustre et nom de prince. »

C'est par suite de cette alliance que la maison de Lur a hérité des droits à l'indemnité promise par Charles IX à JEAN-LOUIS, dernier marquis souverain de Saluces, pour la cession des marquisats de Saluces et de Montferrat, et a ajouté à son nom et à ses armes le nom et les armes de Saluces. Nous allons continuer à donner la filiation de la maison de Lur, et nous donnerons à la fin de cet article une notice sur la maison de Saluces et sur les compensations accordées par les rois de France aux héritiers de cette maison, pour leur tenir lieu des droits cédés sur les marquisats de Saluces et de Montferrat.

Jean de Lur, vicomte d'Uza, laissa plusieurs enfants, entre autres *Honoré* de Lur-Saluces, appelé le vicomte d'Aureillan du vivant de son père; et *Louis* de Lur, seigneur de Lamothe-Landeron, appelé le baron de Fargues, dont il sera parlé après son frère aîné.

HONORÉ de Lur-Saluces, chevalier de l'ordre du roi, gouverneur du Château-Neuf de la ville de Bayonne, seigneur, vicomte d'Uza, baron de Malengin, de Fargues, vicomte d'Aureillan, marquis de la Grôlière, seigneur de Coiron et d'Iviers en Saintonge, etc., naquit le 13 février 1594.

Il servit le roi Louis XIII dans plusieurs occasions importantes, ainsi qu'on le verra dans le brevet que nous publions dans la notice ci-après sur la maison de Saluces, où nous renvoyons également la lettre que Marie de Médicis, régente, lui écrivit en 1614 au sujet de la cession de droits sur le marquisat de Saluces.

Voici d'autres lettres adressées à Honoré de Lur-Saluces par les rois Louis XIII et Louis XIV et par le grand Condé :

Lettre du roi Louis XIII à Honoré de Lur-Saluces, vicomte d'Uza.

» Monsieur le vicomte d'Uza, j'ai su l'affection que vous témoignez aux occasions qui se présentent en vos quartiers pour le bien de mon service et le soin et vigilance que vous apportez sur les départements et mauvais desseins des rebelles dont je vous sais fort bon gré, je vous prie de continuer et même courre sus avec vos amis à tous ceux qui se mettront en campagne sans mes commissions et contre mon autorité. En quoi vous me rendrez service très agréable et que je reconnaîtrai en ce qui s'offrira pour votre avantage. Sur ce je prie Dieu Monsieur le vicomte d'Uza vous avoir en sa sainte garde. Escrit à Toulouse le 21me jour de novembre 1621.

> » LOUIS.
>
> » PHELIPPEAUX. »

Lettre du roi Louis XIII au même.

« Monsieur le vicomte d'Uza, ayant eu avis qu'il a été sauvé et retiré plusieurs canons de fonte reste du débris des caraques et autres vaisseaux d'Espagne arrivé au cap Breton et même qu'aucuns (plusieurs) d'iceux ont été retirés dans vos terres, j'écris au commissaire de la marine Chemin, qui a ordre de moi de ramasser lesdits canons tant sauvés qu'à sauver, qu'il vous aille trouver de ma part pour les recevoir et retirer de vous et les faire conduire en ma ville de Bayonne, où j'ai résolu de les envoyer prendre pour servir à l'armement des vaisseaux de guerre que j'ai fait construire en Hollande, et à vous cette lettre pour vous mander de les lui faire délivrer, n'entendant pour cela qu'il soit fait aucun préjudice à vous et à ceux qui y peuvent avoir intérêt, car je me réserve de pourvoir à votre indemnité après que vos droits (*) et prétentions auront été jugés, désirant cependant que vous ne fassiez aucune difficulté de faire donner lesdits canons audit Chemin d'autant que j'en ai besoin pour l'armement de mesdits vaisseaux. Et je prie Dieu qu'il vous ait Monsieur le vicomte d'Uza en sa sainte garde. Écrit à Paris le 8me jour de mars 1627.

> » LOUIS. »

Autre lettre du Roi au sujet des mêmes canons qui n'avaient sans doute pas été remis immédiatement par le vicomte d'Uza qui les considérait comme étant à lui par suite de ses droits comme seigneur d'Uza, sur les bris et naufrages.

« Monsieur le vicomte d'Uza j'envoie par delà le sieur Vauroux

(*) Les droits de côte sur le littoral de la mer.

commissaire de la marine, pour prendre tous les canons qui ont été par vous retirés du naufrage arrivé aux côtes de votre terre et qui étaient dans les caracques et galions de portugal, lesquels j'ai destiné pour servir sur les vaisseaux que je fais équiper en guerre, je vous fais cette lettre pour vous dire que vous ayez à lui faire délivrer incontinent les douze canons qui sont en vos mains que vous avez retirés dudit naufrage, pour les faire transporter et conduire au lieu que je lui ai ordonné, vous voulant bien dire néanmoins si vous avez fait quelques frais pour raison desdits canons, que m'en envoyant un état, je donnerai ordre qu'il sera pourvu à votre remboursement. Cependant je m'assure que vous satisferez à ce qui sera de mon intention en sorte que l'effet n'en soit aucunement retardé, ce qui m'empeschera de vous faire celle cy plus expresse, et prie Dieu Monsieur le vicomte d'Uza vous avoir en sa sainte garde. Escrit du camp de (illisible) le 27ᵐᵉ novembre 1627.

» LOUIS.

» PHELIPPEAUX. »

Lettre de Louis XIV à Honoré de Lur-Saluces.

« Monsieur le vicomte d'Uza ayant été informé des bons services que vous m'avez rendus depuis les mouvements survenus en ma province de Guyenne et ville de Bordeaux, et du zèle que vous avez pour l'avantage de mes affaires, j'ai bien voulu vous témoigner la satisfaction qui m'en demeure et vous exhorter par cette lettre que je vous fais de l'avis de la reine-régente Madame ma mère, de continuer à me donner des preuves de votre affection aux occasions qu'y s'en pourront présenter et à prendre soigneusement garde qu'il ne soit fait de débarquement en l'étendue de votre côté de mer pour secourir les rebelles de Bordeaux, afin de me donner d'autant plus de moyen de les réduire à leur devoir et de rétablir la tranquillité en ladite province et ville, voulant que vous fassiez assembler les habitans de vos terres et des lieux circonvoisins pour courre sur ceux qui iront en icelle, et me promettant que vous ne manquerez d'accomplir mon intention, je vous assurerai que j'ai à plaisir de vous en reconnaître, par les effets de ma bienveillance, lorsqu'il s'en offrira sujet. Cependant je prie Dieu Monsieur le vicomte d'Uza qu'il vous ait en sa sainte garde. Écrit à Libourne le 26ᵐᵉ jour d'août 1650.

» LOUIS.

» PHELIPPEAUX. »

Lettre du grand Condé à Honoré de Lur-Saluces.

« Monsieur, ce gentilhomme pourra vous témoigner avec quelle joie j'ai reçu la lettre que vous m'avez écrite et les assurances qu'elle contient de votre bonne volonté, je m'en ressens si fort votre obligé qu'il n'y a rien que je ne fasse pour vous en témoigner ma reconnaissance, et j'en fais un état si particulier que je tacherai par tous les moyens possibles de vous engager à me la continuer et de vous persuader que je suis fort véritablement,

» Monsieur,

» Votre très affectionné à vous servir,

» LOUIS DE BOURBON. »

De Bordeaux 21 octobre 1651.

Honoré de Lur-Saluces avait épousé, en premières noces, étant âgé de six ans et sa femme de neuf, le 11 décembre 1600, Françoise de la Tour d'Eviez, fille unique et héritière de François de la Tour, seigneur d'Eviez, et d'Eléonore de Montaigne, fille unique de Michel de Montaigne.

Et en secondes noces, le 17 septembre 1641, Izabelle de Sainte-Maure, fille de Guy de Sainte-Maure Montauzier, gouverneur de Dourlens, colonel de deux régiments, infanterie et cavalerie, et de Louise de Jussac d'Ambleville.

Guy de Sainte-Maure était cousin germain du duc de Montauzier, et Louise de Jussac, sœur du brave Saint-Preuil, gouverneur d'Arras.

Du premier lit vint :

Charles de Lur-Saluces, vicomte d'Aureillan, né en 1612

et tué en 1636 au siége de Salces en Roussillon, combattant
vaillamment à la tête du régiment qu'il commandait pour le
roi. Il ne laissa point d'enfants d'Izabeau de Lalane qu'il
avait épousée et qu'il fit son héritière. Il testa à Toulouse en
allant au siége de Salces, et entre autres legs, il laissa 1,500
livres à l'église de Notre-Dame de Verdelais, et 300 livres
à Notre-Dame de Fargues.

Du second lit provint :

Claude-Honoré de Lur-Saluces, dont l'article viendra.

Et *Honorée-Louise* de Lur-Saluces, première fille d'honneur de la reine Marie-Thérèze, femme de Louis XIV,
morte sans alliance à Paris en juin 1664.

Louis de Lur, seigneur de Lamothe Landeron, frère
d'Honoré, porta toute sa vie le titre de baron de Fargues ; le château de ce nom, demeure la plus habituelle depuis 1472 des seigneurs de Lur d'Uza, ne cessa point néanmoins d'appartenir à Honoré.

Le baron de Fargues épousa en 1627 Marie de Gamaches,
fille de Charles de Gamaches, vicomte de Remont et baron
de Châteaumeillant, et d'Eléonore de Montaigne, car cette
dernière étant veuve du seigneur de la Tour avait épousé
Charles de Gamaches.

Ainsi, Honoré de Lur et son frère avaient épousé les deux
petites filles de Michel de Montaigne. Le fils aîné d'Honoré
étant mort sans postérité, le baron de Fargues et Marie de
Gamaches ont seuls perpétué la descendance de Montaigne.

Leurs enfants furent :

1° *Charles-François* de Lur, seigneur de Montaigné et de
Lamothe Landeron, appelé le marquis de Lur, cornette
des chevaux-légers de la reine, assassiné en 1669 au pont

de Guerre, près La Réole, laissant de Marguerite de Piis une fille, mariée en 1696 à Henri de Salignac, seigneur de Peyguiraud;

2° *Claude-Philibert*, mort jeune;

3° *Marguerite* de Lur, mariée en 1664 au marquis de Lanau;

4° *Jeanne-Honorée* de Lur, mariée au seigneur de Saint-Jean, de qui descendait la comtesse de Béarn avec laquelle la maison de Lur-Saluces a eu un long procès. De la comtesse de Béarn descendent le comte O'Kelly Farell, à qui appartient le château de Lamothe Landeron, et le comte Victor de Puységur, représentant du Tarn en 1848.

5° *Claude-Magdeleine* de Lur, mariée en 1675 à Hélie-Izaac de Ségur, baron de Montazeau, de qui descendent Mrs de Ségur Montaigne et Mis de Pontac.

VI.   CLAUDE-HONORÉ de Lur-Saluces, comte d'Uza, marquis de Saluces, baron de Malengin, de Fargues, vicomte d'Aureillan, marquis de la Grolière, baron de Drugeac, seigneur de Murs, Saint-Martin, Coiron, etc., était fort jeune lorsque son père mourut; il porta toute sa vie le titre de comte d'Uza. Il fut aide-de-camp du maréchal de Turenne, puis du prince de Condé, et servit ensuite sous les ordres des maréchaux de Duras et de Lorge.

Néanmoins, il quitta de bonne heure le service et se maria le 17 juillet 1666, à Claude-Françoise de Saint-Martial, fille unique et héritière d'Hercule de Saint-Martial, marquis de Drugeac, et de Judith de la Tour du Pin Gouvernet. Il mourut à Passy, près Paris, en 1726.

Leurs enfants furent :

3

1° *Hercule-Joseph* de Lur-Saluces, appelé le marquis de Saluces, dont l'article viendra ;

2° *Eutrope-Alexandre*, appelé le comte de Lur, qui a continué la postérité ;

3° *Louise-Honorée-Reine* de Lur-Saluces, appelée Mlle de Saluces, présentée chanoinesse à Mons en 1696, et mariée le 5 février 1701 à Charles, comte de Courbon, baron de Longueval, marquis de Saint-Sauveur ;

4° *Marie-Judith* de Lur-Saluces, appelée Mlle d'Uza, mariée au seigneur de Lanzac Monlozy.

Hercule-Joseph de Lur, marquis de Saluces, né en 1668, entra d'abord dans les mousquetaires ; il suivit ensuite le grand Dauphin lorsque ce prince eut le commandement de l'armée d'Allemagne ; nommé sucessivement capitaine puis mestre de camp de cavalerie, le roi le désigna en 1710 pour remplir la charge de maréchal général des logis de la cavalerie à l'armée de Catalogne, et à cette occasion lui écrivit la lettre suivante :

« Monsieur le Marquis de Saluces, ayant résolu de me servir de vous en qualité de maréchal général des logis de ma cavalerie, dans mon armée des frontières de Catalogne, de laquelle j'ai donné le commandement en chef à mon cousin le duc de Noailles, pair de France, commandant général en mes armées, je vous écris cette lettre pour vous dire que vous ayez à vous y employer en ladite qualité, etc. etc. Vous assurant que les services que vous m'y rendrez me seront bien agréables, et la présente n'étant pour autre fin, je prie Dieu qu'il vous ait Monsieur le Marquis de Saluces en sa sainte garde. Ecrit à Versailles le 14 juin 1710.

» LOUIS.

» VOISIN. »

Le marquis de Saluces mourut en 1733. Il avait épousé

d'abord secrètement et ensuite publiquement, le 10 janvier 1730, Marie Collin de Verneuil, fille de messire Jacques-Joseph Collin de Verneuil, écuyer, et de dame Marie Augey.

Il provint deux fils de ce mariage :

1° *Louis-Hercule* de Lur-Saluces, né à Paris en 1704, mort en 1730;

2° *Jean-Baptiste-Etienne* de Lur-Saluces, baron de Drugeac, né en 1710, gentilhomme à drapeau aux gardes françaises, marié en 1735 à Louise de Lanzac Monlozy, sa cousine germaine.

En 1733, le cardinal de Polignac, le maréchal duc d'Estrées, le duc de Noailles, le duc de Grammont, le comte de Montluc, le marquis et l'abbé de Rothelin, donnèrent procuration, en qualité de parents du baron de Drugeac, à Barthélemy Lambert, procureur au Châtelet, pour l'autoriser à assister à un avis de parents à l'effet de faire émanciper le mineur. Le vicomte de Polignac fut élu curateur, et le sieur Campion tuteur.

Mais l'état du baron de Drugeac, qui avait été baptisé sous le nom de Verneuil, était contesté par son oncle Eutrope-Alexandre, comte de Lur, et, le 14 janvier 1735, une sentence du Châtelet ordonna que le baron de Drugeac justifierait de son état et qualité. Dans ces circonstances, le cardinal et le vicomte de Polignac intervinrent comme médiateurs et obtinrent, non sans difficulté, du comte de Lur, qu'il reconnaîtrait le baron de Drugeac pour son neveu. Enfin, le 14 juin 1736, une transaction fut signée, d'après laquelle Jean-Baptiste-Etienne de Lur-Saluces fut reconnu par son oncle qui lui garantit la libre jouissance de la terre et seigneurerie de Drugeac, et, de son côté, Jean-Baptiste-Etienne

abandonna au comte de Lur la succession intégrale du comte
et de la comtesse d'Uza, derniers décédés, à la charge par
lui de payer les dettes de la maison.

Jean-Baptiste-Etienne n'eut qu'un fils :

Eutrope-Alexandre-Hyacinthe de Lur-Saluces, marquis
de Drugeac, gouverneur de Salers, né en 1736, marié vers
1810 avec N. de Lespinasse. Décédé sans enfants en 1815.

Sa veuve, qu'il avait fait son héritière, a épousé en
1817 le baron Locard, alors préfet du Cantal, depuis préfet à
Bourges, où la baronne Locard est morte en couches en 1819
ne laissant qu'une fille, Sophie Locard.

EUTROPE-ALEXANDRE de Lur-Saluces, chevalier,
comte d'Uza, vicomte d'Aureillan, baron de Fargues, Malengin, etc., naquit au château de Fargues le 23 décembre
1672. Il s'appela le comte de Lur jusqu'à la mort de son
père, époque à laquelle il prit le titre de comte d'Uza.

Il fut capitaine de dragons dans le régiment de Schom-
berg, et quitta fort jeune le service.

Il avait épousé, le 25 février 1702, Jeanne de Malle,
fille de messire Pierre de Malle, conseiller du roi, garde des
sceaux de la cour des aides de Guyenne; et de dame Catherine
de Sossiondo.

De ce mariage naquirent :

1° Pierre de Lur, qui suit;

2° Gabriel de Lur-Saluces, mort à Paris en 1716.

PIERRE DE LUR, quatrième du nom, marquis de
Saluces, comte d'Uza, baron de Fargues, vicomte d'Aureillan, Malengin, etc., lieutenant-général des armées du
roi, naquit au château de Malle le 25 novembre 1702. Il
s'appela le marquis de Lur jusqu'à la mort de son oncle

Hercule-Joseph ; il prit alors le titre de marquis de Saluces.

Il entra dans les mousquetaires en 1720, et obtint, le 16 décembre, une compagnie de cavalerie dans le régiment de la Tour. Il servit au camp de la Moselle en 1727, et passa avec sa compagnie, le 20 mai 1730, dans le régiment du Royal-Roussillon, la commanda au camp de la Meuse la même année, au siége de Kehl en 1733, à l'attaque des lignes d'Ettingen et au siége de Philisbourg en 1734, et à l'affaire de Clausen en 1735. Il fut créé chevalier de Saint-Louis en 1738, servit à l'armée de Westphalie en 1741, puis sur les frontières de Bohême et en Bavière, sous le comte de Saxe, en 1742.

Nommé mestre de camp d'un régiment de cavalerie de son nom, par commission du 6 mars 1743, le marquis de Saluces le commanda à l'armée de Bavière jusqu'au mois de juillet, et sur le Rhin jusqu'à la fin de la campagne, ainsi qu'à la défense de Weissembourg. Il fut blessé légèrement, mais son régiment fut écrasé en soutenant l'effort des ennemis lors de la reprise de cette place, sous le duc de Coigny, en 1744. Le marquis de Saluces servit en Bretagne pendant le reste de la campagne et toute l'année suivante. Il se trouva à la bataille de Rocoux en 1746, à celle de Lawfeld, où son régiment souffrit beaucoup du canon de l'ennemi, de même qu'au siége de Berg-op-Zoom, en 1747. Le marquis de Saluces, pendant cette guerre, perdit deux fois ses équipages. Il fut créé brigadier de cavalerie le 1er janvier 1748, et servit la même année au siége de Maëstrich. Il fit partie du camp de Sarrelouis en 1754, fut employé à l'armée d'Allemagne sous le maréchal d'Étrées, puis sous le maréchal de Richelieu, par lettres du 1er mars 1757, et se trouva à la bataille d'Hastembeck et à la prise de Hanovre Détaché en-

suite de la grande armée à Alberstadt, avec le duc de Broglie, au mois d'octobre, pour joindre celle que commandait
le prince de Soubise sur la Saala, en Saxe ; il fut, peu de
jours après la jonction, blessé et fait prisonnier à Rosback
le 5 novembre. Le marquis de Saluces avait fait des prodi-
ges de valeur dans cette journée funeste. A la tête d'une brigade qu'il commandait, il avait enfoncé la première ligne
des ennemis sous les yeux du prince de Soubise et du duc de
Broglie. Croyant être soutenu, il s'était élancé avec la même
intrépidité sur la seconde ligne ; mais l'ennemi, voyant que
cette charge n'était point soutenue, l'assaillit de toutes parts.
Blessé de quatre coups de sabre sur la tête et de plusieurs
coups de feu, dont un lui perça le bras droit, et son cheval
ayant été tué sous lui, il dut céder au nombre, et il fut conduit devant le prince Henri de Prusse, à Mersbourg, sur la
Saala, où il resta jusqu'en 1760, qu'il fut échangé. Il avait
été promu au grade de maréchal-de-camp lorsqu'il était
encore prisonnier ; et le 20 février 1759, il se démit de son
régiment de cavalerie, fut créé lieutenant-général le
1er mars 1780, et mourut à Paris le 18 septembre de la
même année.

Il avait épousé, par contrat du 15 juillet 1722, Angélique-
Aimée-Romaine-Julie de Tarneau, dame d'honneur de Mme la
duchesse de Penthièvre et fille de Charles, comte de Tarneau,
lieutenant-général des armées du roi, inspecteur général de
cavalerie, gouverneur de Béthune, et de dame Agnète de
Sandrier.

Leurs enfants furent :

1° *Claude-Henry-Hercule-Joseph*, qui suit ;

2° *Marie-Henriette* de Lur-Saluces, appelée Mlle de Saluces, née au château de Malle, mariée avec Philippe-Joseph,

comte de Rostaing, maréchal des camps et armées du roi, inspecteur général d'artillerie ; de ce mariage vinrent deux filles, l'aînée mariée 1º au marquis de Montholon, colonel de dragons; 2º au marquis de Sémonville, grand référendaire de la Chambre des pairs; la seconde est morte à Paris sans alliance ;

3º *Anne-Louise-Renée* de Lur-Saluces, appelée Mlle d'Uza, née à Malle le 24 mars 1727, morte sans alliance au même lieu, en 1795;

4º *Jeanne-Agnès* de Lur-Saluces, appelée Mlle de Lur, née à Malle en 1728, morte au même lieu sans alliance, en 1810;

5º *Marie-Anne* de Lur-Saluces, appelée Mlle de Fargues, née à Malle en 1729, morte au même lieu sans alliance, en 1803;

6º *Deux garçons et une autre fille*, morts en bas âge.

IX. CLAUDE-HENRY-HERCULE-JOSEPH de Lur, marquis de Saluces, baron de Fargues, vicomte d'Aureillan, comte d'Uza, seigneur châtelain de Gondrecourt, baron de Malengin, seigneur de Renon, etc., maréchal des camps et armées du roi, naquit à Malle le 8 novembre 1731, fut fait cornette de la compagnie Colonelle du régiment de cavalerie de Saluces le 19 avril 1744, capitaine d'une compagnie le 10 mars 1747. Il n'était âgé que de 15 ans, lorsqu'il commandait le quatrième escadron du régiment de son père à la bataille de Lawfeld; son cheval fut emporté par un boulet de canon à cette bataille. L'année précédente, il avait combattu à Rocoux. Il servit ensuite au siége de Berg-op-Zoom. Nommé mestre de camp du régiment de Penthièvre-dragons, il combattit à Rosback, à la tête de ce régiment et sous les ordres de son père, qui commandait la brigade composée des régiments de Penthièvre et de Saluces. Il fut blessé de trois coups de sabre, dont deux sur la tête, et tomba baigné dans son sang ; il fut ramassé presque sans vie par les ennemis et fait prisonnier de guerre. C'est après cette bataille que le comte de Saluces, par une grâce particulière, reçut, ainsi que le duc de Cossé, la croix de Saint-Louis à Leipsick. Il est peut-être sans exemple que l'on ait envoyé cette croix aux officiers français prisonniers chez l'ennemi.

Le comte de Saluces fut fait brigadier en 1762 et maréchal de camp en 1770.

Il fut condamné à mort, comme royaliste, par la commission révolutionnaire de Bordeaux le 14 décembre 1793.

Il avait épousé, en 1760, Marie-Adélaïde-Félicité de Maulde, dame de Madame Sophie de France, et fille de Louis-François, comte de Maulde, marquis de la Bussière, comte de Hosdan, marquis de Villers en Herbaye, etc., etc., et de Marie-Félicité de Conflans, marquise de Saint-Remy, dame de Mesdames de France.

De ce mariage sont issus :

1° *Louis-Amédée*, filleul du roi Louis XV et de Madame Victoire de France, qui suit ;

2° *Louis-Alexandre*, appelé *le comte Alexandre de Lur-Saluces*, dont l'article viendra ;

3° *Charles-Philippe*, appelé le *chevalier d'Aureillan*, filleul du comte d'Artois et de Madame Adélaïde de France, né à Paris le 29 septembre 1777, chevalier de Malte par bref de minorité du 6 décembre 1778, mort à Malte en septembre 1789 ;

4° *Ferdinand-Eugène*, appelé le *comte Eugène de Lur-Saluces*, dont l'article viendra ;

5° *Marie-Félicité-Adélaïde*, morte en bas âge à Paris ;

6° *Eugénie-Romaine*, appelée la *comtesse Eugénie de Lur-Saluces*, chanoinesse du chapitre de Poussey, en Lorraine, morte au château d'Yquem en 1848 ;

7° *Louise-Rose-Aglaé* de Lur-Saluces, née à Paris en 1770, morte en bas âge ;

8° *Anne-Félicité*, née à Paris en 1771, reçue en 1783 chanoinesse-comtesse au même chapitre noble de Poussey, morte à Bègles, près Bordeaux, le 15 septembre 1794.

X.   LOUIS-AMÉDÉE de Lur-Saluces, appelé le *comte de Lur*, naquit à Paris le 7 mars 1761. Il fut colonel du régiment de Penthièvre-dragons Il mourut à Paris le 29 octobre 1788.

Il avait épousé au château d'Yquem, le 6 juin 1785, Joséphine de Sauvage, dame d'Yquem, de Podensac, de Saint-Criq, etc., fille de messire Laurent de Sauvage, seigneur d'Yquem, etc., colonel d'infanterie, chevalier de Saint-Louis, et de dame Marthe de Laborde-Lissalde.

La comtesse de Lur était dame de Madame, femme du comte de Provence, depuis Louis XVIII. Elle est morte au château d'Yquem en 1851.

Leurs enfants furent :

1° *Antoine-Marie-Amédée*, qui suit :

2° *Marie-Louise-Mathilde* de Lur-Saluces, morte en bas âge.

XI.   ANTOINE-MARIE-HENRY-AMÉDÉE, marquis de Lur-Saluces, est né au château d'Yquem en 1786. Nommé, en 1810, chambellan par l'Empereur Napoléon, il lui demanda à deux reprises différentes de changer l'habit de chambellan contre l'uniforme militaire. L'Empereur, mécontent de son insistance, le nomma sous-lieutenant au 8e régiment de chasseurs à cheval. Plus tard, il fit avec ce régiment la campagne de Russie, dépassa Moscou, fut blessé, fait prisonnier et conduit à Astracan, d'où il ne revint qu'en 1814.

Depuis, il a été attaché au duc d'Angoulême en qualité d'aide-de-camp. Il était auprès de ce prince au pont de la Drôme, et, à la suite des événements qui s'accomplirent sur ces lieux, le duc d'Angoulême le chargea d'une mission pour le roi de Sardaigne.

Quoique dangereusement malade au moment de l'expédition d'Espagne, en 1823, il voulut suivre le prince généralissime. Il est mort à Madrid le 12 juillet 1823.

Partisan de tout progrès utile, on trouve, dès 1821, M. Amédée de Lur-Saluces au premier rang de ceux qui désiraient doter notre pays de chemins de fer (*), et, à la même époque, réuni à MM. de Richelieu, Lainé, Verdonnet, Balguerie-Stuttenberg, de Tournon et Deschamps, préparer un plan général d'amélioration des Landes (**).

Le marquis de Lur-Saluces avait épousé, en 1807, Marie-Geneviève-Françoise de Filhot, fille de M. de Filhot, président au parlement de Bordeaux, et de Mlle d'Article.

M. de Filhot descendait de Jacques de Filhot, qui, lors des guerres de la Fronde, ayant travaillé à préparer à Bordeaux un mouvement en faveur de l'autorité royale, fut attaqué par les *Ormistes* dans sa maison, située rue Arnaud-Miqueu; il se défendit avec beaucoup de courage; néanmoins, les *Ormistes* (nom des Frondeurs à Bordeaux) s'em-

(*) Voir Mémoires sur les chemins de fer.
(**) Le Livre des hommes utiles, article Balguerie-Stuttenberg.

parèrent de sa personne, après avoir pillé et dévasté sa maison.

Ils le soumirent ensuite à un tribunal improvisé, et le condamnèrent à une rigoureuse torture pour obtenir de lui les révélations qu'il leur importait d'avoir.

Leurs violences furent inutiles, et Jacques de Filhot résista énergiquement.

Lorsque Bordeaux fut rentré sous l'autorité royale, Louis XIV donna à Jacques de Filhot le droit de porter une fleur de lys dans ses armes, et lui accorda une pension considérable reversible à ses enfants. Un jour que ce prince passait la revue de sa maison sur la place Saint-André, à Bordeaux, il aperçut M. de Filhot; ayant alors commandé à ses gardes de s'ouvrir pour le laisser approcher, il lui dit : Eh bien! sieur de Filhot, martyr de mon État, comment vous trouvez-vous de vos blessures ? — Sire, lui répondit-il, toutes les fois que j'ai l'honneur de voir Votre Majesté, elles me deviennent plus chères. (Dom de Vienne.)

Le marquis de Saluces a eu de son mariage avec Mlle de Filhot trois fils :

1° *Louis-Geneviève* de Lur-Saluces, né à Bordeaux, le 10 décembre 1808, mort à Paris en bas âge;

2° *Romain-Bertrand* qui suit :

3° *Ferdinand-Louis* de Lur-Saluces, né à Bordeaux, le 22 juin 1815, marié en 1815 à Marie de la Myre-Mory, sa cousine.

XII.   ROMAIN-BERTRAND, marquis de Lur-Saluces, né à Bordeaux le 19 août 1810, nommé pair de France par le roi Charles X en 1827. Entré à l'école de Saint-Cyr en 1829, sorti de cette école en 1831, pour refus de serment.

Marié en 1835 à Thérèze de Chastellux, fille aînée de César, comte de Chastellux, maréchal de camp, pair de France, etc., etc., et de Zéphirine de Damas.

La maison de Chastellux était une des plus puissantes et des plus renommées de la Bourgogne dès les premiers siècles de la monarchie. Claude de Chastellux, maréchal de France en 1420, a joué un grand rôle dans l'histoire de son temps. Race essentiellement militaire, cette famille compte dans la seule branche des seigneurs d'Avalon et de Chastellux, qui est la branche de Mme la marquise de Saluces, six de ses membres morts les armes à la main de 1616 à 1701.

De ce mariage sont provenus :

1° AMÉDÉE de Lur-Saluces, *comte de Lur* ;
2° *Charles* de Lur-Saluces ;
3° *Alexandre* de Lur-Saluces ;
4° *Eugène* de Lur-Saluces ;
5° *Alice* de Lur-Saluces ;
6° *Izabelle* de Lur-Saluces ;
7° *Valentine* de Lur-Saluces ;
8° *Marie* de Lur-Saluces, morte en bas âge;
9° *Gabrielle* de Lur-Saluces ;
10° *Marguerite* de Lur-Saluces ;
11° *Marie* de Lur-Saluces.

X. LOUIS-ALEXANDRE de Lur-Saluces, né à Paris en
1774, appelé avant la révolution le vicomte d'Uza, et depuis le comte Alexandre de Lur-Saluces, émigra en 1791,
alla rejoindre les princes à Coblentz, et fit la campagne de
1792 sous les ordres du maréchal de Broglie Après le licen-
ciement de l'armée des princes, il passa en Angleterre et de
là en Espagne où il prit du service; se réglant en cela sur la
recommandation de son père qui, envisageant les suites que
pouvait avoir sa sortie de France et l'état de l'Europe, lui
avait indiqué l'Espagne comme étant la puissance au service
de laquelle il avait le moins de chances de faire la guerre à
sa patrie. Il fut fait capitaine dans le régiment de cavalerie
de Bourbon et rentra en France en 1804. Lors de la guerre
d'Espagne, en 1809, M. de Montholon, son cousin, l'engagea
à prendre du service dans l'armée de Napoléon, lui faisant
des offres avantageuses. Mais fidèle à sa ligne politique, il
refusa.

Il fut du nombre des royalistes qui s'unirent les premiers
à Bordeaux dans le but de travailler à la rentrée des Bour-
bons. Il fit partie du conseil royal formé longtemps avant
les événements de 1814. Le 12 mars de la même année, il
déploya le drapeau blanc à la fenêtre de l'Hôtel-de-Ville, et
le 13 il fut désigné par le duc d'Angoulème pour faire partie
du conseil du prince.

Nommé commissaire du roi à Bordeaux et dans le dépar-
tement de la Gironde pendant les cent jours, il reçut à ce
sujet les pouvoirs les plus étendus. S'étant rendu auprès du
général Clausel pour le sommer de reconnaître l'autorité
royale, ce général répondit à cette démarche en envoyant
un officier de gendarmerie suivi de plusieurs hommes pour
l'arrêter, mais ils ne purent y parvenir. Quelques jours

après le drapeau blanc fut de nouveau arboré à Bordeaux. Au sujet de ces événements, le duc d'Angoulême lui écrivit la lettre suivante :

Lettre du duc d'Angoulême au comte Alexandre de Lur-Saluces.

Toulouse, ce 21 juillet 1815.

« Monsieur le comte Alexandre de Lur-Saluces, j'ai reçu votre lettre du 22 juillet et j'y ai trouvé une nouvelle preuve de votre attachement au roi. Je sais tous les dangers auxquels vous avez été exposé et la fermeté avec laquelle vous avez agi. Je suis bien aise de vous exprimer moi-même toute ma satisfaction d'une conduite aussi loyale et qui est la digne suite de ce zèle que vous avez toujours manifesté pour la cause du roi.

» Comptez, Monsieur le comte Alexandre de Lur-Saluces, sur l'estime particulière que je fais de vous.

» Votre affectionné,

» LOUIS-ANTOINE. »

M. Alexandre de Lur-Saluces avait été nommé en 1814 colonel de cavalerie en disponibilité et chevalier de Saint-Louis. Il ne voulut d'ailleurs accepter aucune des autres positions qui lui furent offertes. En 1823, il fit demander au duc d'Angoulême le commandement d'un des régiments destinés à faire sous ses ordres la campagne d'Espagne; ce prince, malgré sa constante bienveillance, ne crut pas pouvoir accorder cette faveur. Ce refus affecta péniblement M. Alexandre de Lur-Saluces, qui pensait que son ancien séjour en Espagne pouvait lui permettre de servir utilement.

M. Alexandre de Lur-Saluces avait été élu député de la Gironde en 1815. Il eut à la deuxième session cent dix-sept voix pour la présidence. Réélu en 1820, des pertes cruelles survenues dans sa famille l'engagèrent à donner sa démission. Il est mort en 1842. M. Alexandre de Lur-Saluces joignait à un esprit des plus aimables, une physionomie noble et distinguée.

Il avait épousé à Bordeaux Rose-Eugénie de la Jonchère, née à Saint-Domingue en 1779. Fille de Michel de la Jonchère de Belcourt, lieutenant-colonel, chevalier de Saint-Louis, et de Anne-Marie Dupin.

Il a eu de ce mariage :

Plusieurs enfants morts en bas âge, et

Léontine-Gabrielle de Lur-Saluces, née au château de Malle le 15 juillet 1811, mariée en 1836 à Henri de Lur-Saluces, son cousin germain.

BRANCHE.

X. FERDINAND-EUGÈNE de Lur-Saluces, né à Paris en 1780, appelé avant la révolution le baron de Fargues et depuis le comte Eugène de Lur-Saluces.

En 1799, dans un mouvement royaliste qui eut lieu à Bordeaux, M. Eugène de Lur-Saluces fut grièvement blessé à la tête et mis en prison avec plus de quarante autres jeunes gens qui en sortirent successivement; mais il y resta deux mois avec un brave menuisier nommé Louis Hagry, homme d'un zèle extraordinaire (mémoires de la Rochejacquelein).

En 1814 et 1815, M. Eugène de Lur-Saluces contribua au mouvement royaliste de Bordeaux. Nommé chef d'escadron au 3me de hussards, il servit dans ce régiment jusqu'en 1820, époque à laquelle il entra comme officier supérieur dans les gardes-du-corps.

Nommé député de la Gironde à quatre élections successives, M. Eugène de Lur-Saluces fut élu secrétaire de la Chambre en 1828, et au mois de janvier 1829 il obtint soixante-quinze voix pour la présidence.

Après la révolution de juillet il écrivit la lettre suivante au Président de la Chambre des députés :

Paris, 22 août 1830.

« MONSIEUR LE PRÉSIDENT,

» Au moment d'être privé, par la force, d'un mandat reçu de la confiance de mes compatriotes et dont je ne me démets pas, je me dois d'établir mes principes d'une manière nette.

» La Chambre est violemment sortie de toute règle en intervertissant l'ordre de successibilité au trône.

» Elle répond devant la France des malheurs qui en résulteront.

» En ma qualité de député, je proteste contre un acte dont le moindre des vices est l'illégalité, et m'abstiens de siéger, me refusant à un serment qui, selon ma conscience, est un parjure.

» Veuillez, Monsieur le Président, communiquer ma lettre à la Chambre et la faire insérer au procès-verbal de la séance.

» J'ai l'honneur d'être, etc., etc.

» Le comte E. DE LUR-SALUCES,

» Député de la Gironde. »

Si l'on se rappelle l'effroi dont la révolution nouvelle avait frappé beaucoup d'esprits, on appréciera d'autant mieux l'énergique conviction qui avait dicté cette lettre.

Sa lecture produisit dans la Chambre une vive agitation. Elle fut insérée au procès-verbal.

Pour le même motif de refus de serment, M. Eugène de Lur-Saluces renonça à la demi-solde de colonel, offerte aux officiers mis en disponibilité.

Il a épousé à Bordeaux, en 1800, Marie-Thérèse-Gabrielle-Amédée de Montalier, fille unique de Thomas de Montalier, chevalier de Saint-Louis, et de Jeanne-Amédée de Verduzan.

De ce mariage sont issus :

1° *Thomas-Joseph-Henry* de Lur-Saluces, qui suit ;

2° *Louise-Alexandrine-Jeanne-Amédée* de Lur-Saluces, née en 1801, mariée, en 1824, à Anne-Jacques-Auguste, comte de la Myre-Mory, fils d'André-Jérôme, vicomte de la Myre-Mory, chevalier de Saint-Louis et de Cincinnatus, maréchal des camps et armées du roi, et de Bernarde-Françoise de Bertier.

La maison de la Myre est fort ancienne. Originaire de Guyenne, elle est établie en Picardie depuis plusieurs siècles, et a produit un grand nombre de personnages distingués. (*Voir le Dictionnaire de la Chesnaye des Bois*).

Le comte de la Myre-Mory, après avoir servi dans le 3ᵉ régiment de la garde, a été nommé capitaine-commandant dans le 18ᵉ chasseurs, avec lequel il a fait la campagne d'Espagne en 1823, où il a reçu la croix de Saint-Ferdinand. Nommé officier d'ordonnance de M. de Clermont-Tonnerre, ministre de la guerre, il a fait en la même qualité la campagne d'Afrique avec le maréchal de Bourmont. Démissionnaire pour refus de serment en 1830.

Mᵐᵉ la comtesse de la Myre-Mory est morte le 10 septembre 1852, laissant six enfants :

1° *Fernand*, vicomte de la Myre-Mory, marié, le 10 juin 1853, à Mˡˡᵉ Juliette de la Borie ;

2° *Marie* de la Myre-Mory, mariée au comte Ferdinand de Lur-Saluces ;

3° *Eugénie* de la Myre-Mory, mariée au vicomte Raoul de Beaurepaire, officier de marine ;

4° *Caroline* de la Myre-Mory, mariée à Maxime, baron de Vassal-Cadillac ;

5° *Geneviève* de la Myre-Mory ;

6° *Louise* de la Myre-Mory.

XI. THOMAS-JOSEPH-HENRY de Lur-Saluces, né à

4

La Réole le 11 décembre 1808, entré à l'école militaire en 1825, nommé sous-lieutenant à l'école de Saumur en 1827, passé avec le même grade en 1829 au 14me régiment de chasseurs. Mis en non activité sans solde sur sa demande le 10 septembre 1831. Elu en 1848 commandant de l'artillerie de la garde nationale de Bordeaux. Marié en 1836 à Léontine-Gabrielle de Lur-Saluces, sa cousine-germaine; de ce mariage sont issus :

1° PIERRE de Lur-Saluces ;
2° *Catherine-Charlotte* de Lur-Saluces ;
3° *Anne-Henriette* de Lur-Saluces ;
4° *Alexandrine* de Lur-Saluces ;
5° *Adélaïde* de Lur-Saluces.

Les principales alliances directes de la maison de Lur, en outre de celles qui viennent d'être rappelées, sont : avec les maisons Hélie de Chabrignac (Pompadour), de Saint-Astier, de Robert de Lignerac (Caylus), de Barrière, de Pommiers, de Marsan, de Lamothe-Langon, de Fayolle, de Gontault-Biron, Tison-d'Argence, de Cardaillac-de-Bioule, de Beynac-Comarque, de Caupène, de Volvire-Ruffec, d'Echaux, etc.

ARMOIRIES.

Les armes de la maison de Lur-Saluces sont, mi parti, d'azur à trois fleurs de lis d'or qui est de France, et d'argent au chef d'azur qui est de Saluces, et sur le tout de gueules à trois croissants d'argent au chef d'or, qui est de Lur.

D'après l'opinion de M. le comte O'Kelly, dont les connaissances sur les questions historiques et héraldiques doivent faire autorité, les armes primitives de la maison de Lur seraient d'azur à trois fleurs de lis d'or ; les trois croissants n'auraient été adoptés que dans le XIII° siècle, par suite d'une alliance avec la maison de Joussineau-Fraissinet ; M. le comte O'Kelly fonde son opinion sur ce que la maison de Lur est originaire de Franconie, pays dans lequel plusieurs familles ont porté de tout temps dans leur écusson des fleurs de lis et d'où viennent d'ailleurs les fleurs de lis elles-mêmes, qui ne sont que la représentation des fleurs de glaïeul, plante très commune en Franconie. M. le comte O'Kelly pense encore que la manière dont les fleurs de lis sont placées tant sur les voûtes des chapelles des châteaux de Longa et de la Brède qu'aux cheminées de Fargues et de Malle, et sur les divers sceaux où se voient les armes de la maison de Lur, démontre la vérité de son opinion. Nos rois, il est vrai, ont concédé à plusieurs familles le droit de porter des fleurs de lis et même les armes de France, mais cet honneur était trop grand pour que les motifs qui l'ont fait accorder aient pu être oubliés dans l'histoire écrite ou traditionnelle d'une famille. Or, la maison de Lur ne peut fournir à cet égard d'autres titres que ceux qui résultent d'une possession immémoriale. On est donc amené à conclure que ces fleurs de lis sont les armes primitives.

Quoi qu'il en puisse être, la maison de Lur porte pour armes depuis plusieurs siècles les trois fleurs de lis sur le fond d'azur et les trois croissants sur le fond de gueules, et depuis 1586 elle a ajouté à son écusson celui de Saluces, d'argent au chef d'azur.

Indépendamment des lettres citées dans le cours de cette notice, la famille conserve plusieurs autres lettres écrites par les rois et princes de la maison de France à divers de ses membres, depuis le XVI° siècle jus-

qu'à nos jours ; ces lettres, à l'exception de celles écrites par Charles IX
à JEAN-LOUIS, marquis de Saluces et à AUGUSTE son fils et de la
lettre écrite par Marie de Médicis à Honoré de Lur-Saluces vicomte
d'Aureilhan, lesquelles sont entre les mains de M. le marquis Bertrand
de Lur-Saluces, toutes les autres, disons-nous, ainsi que la plupart des
titres originaux, sont à Malle.

Il ne m'appartient point de changer à cet égard ce qu'a jugé à propos
de faire la génération qui nous a précédé; d'ailleurs, Malle a vu cinq
générations de la famille de Malle et six de la nôtre se succéder, et a acquis par là quelques droits à conserver les archives ; toutefois, si cette
maison cessait un jour de nous appartenir, le devoir du dernier posses-
seur serait de remettre ces divers titres à l'aîné de notre famille, leur
gardien naturel.

NOTICE SUR LA MAISON DE SALUCES.

AUGUSTE de Saluces était fils aîné de Jean-Louis, dernier souverain du marquisat de Saluces. *Jean-Louis*, après avoir été successivement dépouillé par les Impériaux et par les Français, était retiré à Asti, en Piémont, lorsque le maréchal de Bourdillon, secondé par Auguste de Saluces, le détermina à venir en France et à faire au roi la cession de ses droits sur les marquisats de Saluces et de Montferrat, moyennant la promesse de trente mille livres de rente en fonds de terre. C'était une somme minime eu égard à la valeur du marquisat de Saluces; mais il importe de remarquer d'abord, que Jean-Louis était dépossédé depuis huit années, et en second lieu, que l'argent avait alors une valeur décuple de celle qu'il a aujourd'hui. Le douaire de la reine Marguerite de Valois, par exemple, n'était, quarante ans plus tard, que de dix mille livres, et le Périgord ne fut vendu, environ un siècle auparavant, par Charles de France, duc d'Orléans, que seize mille réaux d'or.

JEAN-LOUIS mourut au château de Beaufort, en Anjou, où il s'était retiré. Il était fils de Louis II, marquis de Saluces, et de Marguerite de Foix, fille de Jean de Foix, captal de Buch et comte de Benauges, et de Marguerite de Suffolck.

Louis II, nommé par le roi de France vice-roi de Naples, combattit, à la tête de l'armée française, les Espagnols commandés par le célèbre Gonzalve de Cordoue. Il remporta d'abord de brillants succès, mais la désertion des Italiens auxiliaires, et un hiver d'une rigueur peu ordinaire sous le climat de Naples, le forcèrent à la retraite. Il mourut à Gênes, au retour de cette expédition.

Les historiens du temps parlent de lui avec beaucoup d'éloges.

Ils témoignent également du courage et du dévouement à la France de Michel-Antoine, son fils aîné et son successeur. On voit, en effet, que celui-ci combattit à Agnadel, à Pavie et dans plusieurs autres rencontres ; il commandait l'avant-garde de l'armée française à la célèbre bataille de Marignan. Après la délivrance de François Iᵉʳ, il fut mis à la tête de l'armée, et remporta sur les Impériaux, alors sous les ordres du connétable de Bourbon, deux avantages signalés, à la suite desquels il se rendit maître de Florence. Quelques années plus tard, et après la mort du maréchal de Lautrec, il eut le commandement général des troupes françaises dans le royaume de Naples, et mourut d'une blessure au genou reçue au siège d'Averse. Il est enterré à Rome, dans l'église Ara-Cœli, où son tombeau se voit encore.

Voici ce que Dubellay, dans ses mémoires, rapporte à son sujet : « Le seigneur de Lautrec mort, Michel-Antoine de » Saluces, homme autant courageux, aimé et suivi des gens » de guerre que nul autre, prit charge de la conduite de » cette armée ruinée. » Puis quelques lignes plus bas : « Étant le marquis arrivé au lieu d'Averse, il fut assiégé » des ennemis, où, après longue et furieuse batterie, » fut blessé au genou, etc., etc. Les choses ainsi passées

» (continue le même historien), le marquis fut porté dans
» une litière à Naples, où peu après il mourut. Ce fut
» une grande perte de la mort de ce gentil prince, car c'é-
» tait un autant vertueux prince qui ait été de son temps, et
» autant aimé des soldats et gens de guerre »

Après sa mort, le marquisat de Saluces devait échoir à
JEAN-LOUIS, son frère; mais Marguerite de Foix lui fit
préférer François, le troisième dans l'ordre de naissance,
élevé enfant d'honneur de François Ier et très aimé du roi.
Jean-Louis fut enfermé à la Bastille.

Le roi n'eut point à se féliciter de l'injustice qu'il avait
commise en faveur du nouveau marquis; car, l'ayant peu
de temps après nommé son lieutenant-général au delà des
monts, il trahit indignement la cause de la France sous pré-
texte qu'on n'avait pas voulu lui rendre diverses places autrefois dépendantes du marquisat. Mais son véritable motif
était la promesse que lui avait fait faire Charles-Quint de
l'investir du marquisat de Montferrat, auquel la mort du
dernier marquis lui donnait droit, parce que les maisons
de Saluces et de Montferrat étaient deux branches d'une
même race et descendaient d'Aléran de Saxe. Il disait aussi,
pour expliquer sa conduite, que, quelque amitié qu'il eût
pour le roi, il n'avait pas voulu venir jouer en France le
rôle du prince de Melphe, seigneur napolitain, qui avait été
dépouillé de ses États à cause de son dévouement à François Ier.

Le marquis François fut, peu de temps après sa défection,
tué d'un coup de fauconneau au siége de Carmagnole, et
ne laissa point de postérité.

Mais déjà, avant la mort du marquis François, le roi
avait fait sortir Jean-Louis de la Bastille pour l'opposer

à son frère. Jean-Louis rentra alors en possession de l'héritage de ses pères. Mais ce prince n'ayant pu oublier et la prison rigoureuse qu'il avait subie et l'injustice qui lui avait été faite, donna au roi de nombreux sujets de plainte, et la cour de France prit le parti de donner l'investiture du marquisat de Saluces à Gabriel, évêque d'Aire, quatrième et dernier fils de Louis II et de Marguerite de Foix. Celui-ci fut à son tour dépossédé et enfermé dans Pignerol, où il mourut. Son frère Jean-Louis tenta à plusieurs reprises de rentrer dans ses États, et pendant plus de vingt ans la guerre civile et la guerre étrangère désolèrent le marquisat de Saluces. Jean-Louis, également en butte au ressentiment du roi de France et à celui de la maison d'Autriche, qui ne pouvait oublier que, depuis le commencement des guerres d'Italie, les Français n'avaient pas eu, à l'exception du marquis François, de plus zélés partisans que les marquis de Saluces, Jean-Louis, disons-nous, ne pouvait que succomber Il était à Asti, attendant une occasion pour ressaisir son héritage, lorsque le maréchal de Bourdillon, secondé par Auguste de Saluces, le décida, ainsi que nous l'avons dit au commencement de cet article, à venir en France et à faire une cession au roi.

Ainsi finit la domination des marquis de Saluces en Piémont; cette domination qui avait duré six siècles ne fut pas sans gloire, car ainsi que le fait remarquer le marquis Costa de Beauregard (mémoires historique de la maison de Savoie) ils se montrèrent habituellement « sages, modérés, actifs, » et leur mémoire fut longtemps chère aux peuples qu'ils » avaient gouvernés. »

Il importe de relever ici les erreurs commises au sujet de la maison de Saluces par Chazot de Nantigny, dans son histoire des rois, des empereurs et des maisons souveraines, et par ceux qui l'ont copié.

Chazot de Nantigny dit :

« Jean-Louis ayant été chassé par les Français, en 1553,
» du marquisat de Saluces, se retira à Asti, où livré au cha-
» grin, il fit, l'an 1560, avec le maréchal de Bourdillon, un
» traité confirmé depuis par le roi Charles IX, par lequel il
» cédait à ce monarque tous ses droits sur les marquisats de
» Saluces et de Montferrat et autres terres qu'il avait en Pié-
» mont, moyennant que le roi lui donnerait des terres et des
» domaines en France jusqu'à la concurrence de trente mille
» livres de rente. Après ce traité il se retira en France. Le
» marquis Jean-Louis avait épousé secrètement Antoinette
» de Véra, fille de Jean de Véra (*), dont il eut Auguste et
» François de Saluces. Il mourut en 1567, laissant trois en-
» fants naturels, dont l'un, Michel-Antoine de Saluces, sei-
» gneur de Châteaufort et baron de Verrières, laissa une
» postérité qui subsiste encore en Londunais avec le nom de
» Saluces ; les deux autres furent Auguste-César de Saluces
» et Jean-François de Carmarogle, tous deux nés de Marie
» de Biandra. Celui-ci mourut au siége de Fontenai-le-
» Comte en Poitou, son frère fut légitimé par le roi en 1566,
» et obtint d'Henri III, par lettres-patentes du 10 juin 1577,
» une rente annuelle et perpétuelle de 6,600 livres pour lui et
» ses hoirs, laquelle fut confirmée par brevet du même roi
» du 23 mars 1580 à sa fille unique, Catherine de Saluces,
» femme de Jean de Lur, comte d'Uza, dont la postérité,
» qui a pris le nom de Saluces, en jouit encore. »

(*) D'une famille de Naples très distinguée, qui a donné des conseillers d'Etat et des ministres à Charles-Quint et à Philippe II.

Ce récit renferme plusieurs erreurs : d'abord Jean-Louis mourut en 1563 et non en 1567. Il ne laissa que trois enfants, Auguste et François de Saluces, fils d'Antoinette de Véra, et un fils naturel nommé Michel-Antoine. Auguste et François de Saluces héritèrent de leur père ; et dans un grand nombre d'actes, de lettres-patentes et de brevets de nos rois, Auguste est reconnu comme ayant seul droit au prix de la cession du marquisat de Saluces.

AUGUSTE fut en tout temps très attaché à la France ; dès l'année 1550 il avait eu le commandement d'une expédition que le roi envoya en Ecosse. Il fut fait gentilhomme de la Chambre en 1551 et chevalier de l'ordre en 1575.

Le 18 avril 1557, Auguste épousa solennellement, à Paris, avec l'agrément du roi et de la reine-mère, Marie de Blémur ; de ce mariage vinrent plusieurs enfants morts en bas âge, et une fille, Catherine-Charlotte de Saluces, qui épousa en 1586 Jean de Lur, vicomte d'Uza.

François de Saluces fut tué au siége de Fontenai-le-Comte, en Poitou, commandant un corps de cavalerie dans l'armée du roi.

Michel-Antoine, élevé page d'honneur de Charles IX, fut baron de Verrières et seigneur de Châteaufort en Londunais.

Voici les divers documents qui établissent ces faits :

Acte de mariage de Jean-Louis et d'Antoinette de Vésa.

« Je souscrit et soussigné, prêtre de la sainte romaine église, et habitant de la ville de Carmagnole, j'atteste et fais fois à tous présents et avenir et aux fidèles en Christ que moi sacramentellement en face de l'église ai épousé noble et très illustre prince Jean-Louis, marquis de Saluces ; et noble Antoinette de Véra fille de noble Jean de Véra citoyen et habitant de la ville de Naples, desquels il y avait déjà deux fils, à savoir : Auguste et François, lesquels icelui prince a produits et légitimés comme ses vrais et légitimes fils et icelui mariage a été fait du consentement mutuel de l'une et de l'autre partie personne ne s'y opposant. En foi de quoi nous avons donné au susdit prince cette notre attestation le vingt-et-unième jour de juin l'an du Seigneur 1558, du pontificat du très saint père en Christ et notre seigneur Paul IV et icelle de notre seing manuel munice.

» MARTIN CAMERINO. »

Testament de Jean-Louis, marquis de Saluces, fait et passé à Asti en Piémont, le 15 mai 1561, par devant Malavicini, notaire à Saluces.

« Après les préliminaires d'usage Jean-Louis déclare : qu'étant parvenu à un âge avancé et constitué en un état auquel il ne peut concevoir espérance d'avoir d'autres fils outre les deux que lui a donné noble dame Antoinette de Véra fille de noble et très illustre homme Jean de Véra citoyen de Naples, lesquels fils s'appellent Auguste et François, qu'il est mémoratif que la susdite noble dame Antoinette de Véra a été induite par lui à la procréation de ces deux fils sous l'espérance du futur mariage légitime, et voulant qu'une race tant illustre descendant des ducs de Saxe ne soit tout à fait abolie et déracinée, désirant grandement le très illustre prince susdit que ses deux nobles fils qu'il laisse après soi comme ses héritiers s'ils sont assez éminens en vertu et accompagnés d'une fortune favorable, puissent remettre en sa première splendeur cette noble maison qui s'en va presque à terre, et cela ne se pouvant faire que par le lien du ma-

riage sacramentellement et solennellement avec la susdite noble dame Antoinette de Véra et icelui prince conjoint ; et les
susdits deux nobles fils comme ses vrais et légitimes fils à la
face de l'église par lui déclarés. Icelui prince susdit a déclaré
devant moi notaire public soussigné, et témoins susnom-
més, qu'il a effectivement et solennellement célébré le sacre-
ment de mariage avec la susdite noble dame Antoinette de
Véra selon la coutume et l'usage de la sainte église catholique apostolique et romaine, sans que nul s'y soit opposé ou
contredit : et afin que ceci apparût plus fermement et plus
pleinement il a consigné entre mes mains, ce voyant tous
les tesmoins soussignés lattestation du susdit mariage faite
par honoré seigneur, Martin Camerino, prêtre et habitant
de la ville de Carmagnole, et laquelle pour plus grande fermeté du susdit mariage j'ai adjoint dans cet acte public et
posé comme vrai et légitime mariage approuvé de toute l'é-
glise, iceux témoins présents comme ils l'étaient lors de la
célébration du mariage,

» Icelui prince déclare par ses présentes qu'il reconnait et
avoue ces deux enfants et nobles seigneurs Auguste et François, comme ses vrais et légitimes fils issus de son corps et
sang, et ses successeurs et héritiers de tous ses biens meubles
et immeubles, et qu'il n'y ait personne qui puisse leur
contester, soit à présent, soit dans la suite, la légitime
succession des biens qui ont été offerts et promis au susdit
prince, leur père, par le sérénissime très chrétien roi Charles IX, par la grâce de Dieu roi de France, par l'entremise
de très noble et très illustre seigneur le maréchal de Bourdillon ; comme on le voit par traité et convention faite entre.
le susdit prince et le susdit maréchal de Bourdillon, qu'à
son arrivée en France il lui serait donné des terres et domai-

nes jusqu'à concurrence de trente mille livres de revenu annuel à perpétuité, tant pour lui que pour ses enfants et leurs légitimes descendants qui auront droit et seront habiles à succéder légitimement et directement. »

Après tous ces détails, Jean-Louis répète encore la clause de l'institution, et l'acte est clos par les signatures de Jean-Louis, de Malavicini et des sept autres personnages, témoins à ce requis et appelés.

Suit la déclaration du mariage religieux que nous avons transcrite précédemment, et que le notaire Malavicini insère à la suite du testament.

Ces deux titres sont en latin, et nous venons de les donner selon la traduction ancienne qui en a été faite.

Retiré au château de Beaufort, en Anjou, Jean-Louis ne reçut du roi qu'une pension de trois mille livres, et ces deux fils une seconde pension de trois mille six cents livres. A la mort de Jean-Louis et de François, Auguste de Saluces réunit sur sa tête ces deux pensions, formant six mille six cents livres, et cette dernière pension de six mille six cents livres a été, jusqu'au règne de Louis XVI, la seule compensation accordée aux descendants d'Auguste, pour leur tenir lieu des indemnités promises. Il nous reste à rapporter quelques-unes des lettres-patentes, brevets, lettres missives, arrêts du conseil, qui établissent de la manière la plus solennelle les droits de la maison de Lur-Saluces.

Lettre du roi Charles IX à Jean-Louis, dernier marquis souverain de Saluces.

« Mon Cousin, s'augmentant de jour à autre l'envie que j'ai de vous voir pour vous faire connaître l'affection que je vous porte et recevoir le bon traitement que vous méritez, j'ai bien voulu vous faire la présente pour vous prier bien fort d'aviser de vous mettre en chemin pour me venir trouver avec vos enfants, auxquels je désire de faire du bien et de l'honneur, après toutefois que vous aurez mis ordre à vos affaires, pour lesquelles j'escris présentement au sieur de Bourdillon vous bailler l'argent qui vous sera nécessaire pour votre voyage, *attendant qu'à votre arrivée je vous satisfasse entièrement de tout ce que vous a été promis et qui vous peut être dû et semblablement à vos enfants;* vous assurant mon Cousin que ne saurait arriver par deça homme qui soit mieux vu de moi, traité et caressé que vous serez toujours, et pour qui j'ai plus d'envie de faire démonstration de n'estre ingrat à l'endroit de ceux qui m'aiment comme je sais que vous faites; me remettant à vous en faire connaître les effets à quand vous y serez, qui me gardera de faire la présente plus longue, et priant Dieu mon Cousin qu'il vous ait en sa sainte et digne garde. Escrit à St-Germain en Laye le 8ᵐᵉ jour de janvier 1561.

« CHARLES.

» SUBLET. »

Lettre du roi Charles IX à Auguste de Saluces.

« Seigneur Auguste écrivant présentement à mon cousin votre père, de s'en venir me trouver pour les occasions contenues dans ma lettre que je vous envoie, j'ai bien voulu aussi vous prier de l'accompagner en son voyage, afin que avec lui je vous puisse bien recevoir et caresser, que j'en ai bien bonne volonté, vous pouvant bien assurer qu'à votre arrivée il vous sera entièrement satisfait de tout ce qui est dû à votre entretennement, et à vous traiter au mieux qu'il me sera possible, et selon que vous le méritez, remettant à vous en faire connaître les effets à quand vous serez arrivé; sur ce je prie Dieu seigneur Auguste vous avoir en sa sainte et digne garde. Escrit à St-Germain en Laye 8 janvier 1561.

» CHARLES.

» SUBLET. »

Lettres patentes de Henri III en faveur d'Auguste de Saluces.

« Henry par la grâce de Dieu roi de France et de Pologne : à nos amés et féaux les gens de nos comptes à Paris, trésoriers de France, etc., salut. Le sieur Auguste de Saluces chevalier de notre ordre gentilhomme de notre chambre nous a très humblement exposé que pour avoir en l'année 1560, feu notre cousin le marquis de Saluces son père, selon le désir du feu roi Charles notre très honoré seigneur et frère, cédé et mis en ses mains les droits raisons et actions qu'il avais ès marquisants de Saluces et de Montferrat, et autres droits, ayant le dit sieur Auguste préféré le service de cette couronne à toute autre considération et partis qui lui étaient offerts; et pour les autres bien grandes et notables considérations au long déduites et contenues ès lettres patentes ci attachées sous le contre sel de notre chancellerie, n'estant besoin de réitérer autre chose dont nous sommes très-bien informés, et qui est toute notoire, même que le dit feu seigneur roi notre frère avait intention et nous aussi de lui bailler et délaisser quelques terres et revenus stables pour sa récompense, nous lui aurions cependant ordonné et assigné le payement de son entretennement et pension à raison de deux mille deux cents écus sol par an sur les dits deniers, tant ordinaire qu'extraordinaire de notre recepte générale de Paris, pour en être payé par chacun an et quartier de trois mois en trois mois; à savoir le dit sieur Auguste sa vie durant, et après son trépas à ses enfans et descendants nés et à naître en loyal mariage, ainsi que particulièrement le contiennent nos dites lettres patentes par vous vérifiées avec préférence; et combien que ledit seigneur Auguste connaisse de quelle sincère volonté nous procédons en son endroit et désirons le gratifier, et que suivant notre commandement et nos dites lettres l'ayez favorablement traité, néanmoins il nous a encore très humblement supplié qu'il nous plaise remémorer et considérer sa cordiale et prompte affection dont il procéda pour le service de cette couronne, lors et depuis la négociation avec feu notre dit cousin le marquis de Saluces son père, ayant comme dit est, quitté tout autre bien et avantage particulier qu'il eût pu espérer d'ailleurs, pour venir nous faire service, et que s'étant habitué de par deçà pour jamais et marié, ayant des enfans qui seront d'autant plus obligés à notre service, la meilleure et principale partie de son bien consiste en la dite pension entretenment et récompense, étant raisonnable qu'il nous

plaise, comme ne lui restant que cela en propre de sa maison, de lui
asseoir de manière que lui ni ses enfants n'ayent plus à recourir à
nous, ores ni à l'avenir pour le payement de la dite somme de deux
mille deux cents écus pour chacun an. Nous à ces causes et autres
considérations à ce nous mouvant et sur la requête qui nous en a été
faite par la reyne notre très honorée dame et mère, comme en étant
très bien instruite et mémorative, ayant la dite négociation passé
par ses mains ; comme aussi de notre très cher et féal le cardinal de
Birague, chancelier de France, avons de notre grâce spéciale pleine
puissance et autorité royale dit déclaré et ordonné, disons déclarons
et ordonnons par ces présentes signées de notre main, voulons et
nous plaît, que la dite partie de deux mille deux cents écus par an
d'entretennement et récompense pour le dit sieur Auguste de Saluces, sera convertie et commuée par ces dites présentes en rente annuelle et perpétuelle constituée sur nous, et payable par chacun an
et quartier en nostre dite recepte générale de Paris et qu'à ces fins
elle soit mise et employée en l'ordre et chapitre des autres rentes,
constituée et payée au sieur Auguste de Saluces comme étant rente
propre et acquise par lui ses enfans et descendans de sa ligne, tant
seulement en loyal mariage ainsi que le contiennent les présentes
lettres. Si vous mandons et ordonnons, etc. Car tel est notre plaisir,
nonobstant quelconques édits et ordonnances, etc., auxquelles avons
de notre grâce spéciale dérogé et dérogeons. Donné à Paris le 28 février 1580 et de notre règne le sixième.

» HENRY.

» Par le roi :

» DE NEUVILLE. »

Sur le repli est écrit :

« Registrées en la chambre des comptes, ouïs le procureur général du roi, pour jouir par le dit sieur Auguste de Saluces, impétrant
ses enfans et descendans nés et à naître en loyal mariage du contenu
en icelles, selon leur forme et teneur et jusques à ce qu'il ait plû à
Sa Majesté les récompenser en terres ou héritages selon son bon
vouloir et intention. Le neuvième jour de mars 1580.

« DAVES. »

*Brevet du roi Henri III accordant au même Auguste de
Saluces une seconde pension de six mille livres.*

« Aujourd'hui vingt-troisième jour de mars 1580, le roy estant à
Paris désirant reconnaître envers Auguste de Saluces, chevalier de
son ordre, les services que feu son père et lui ont faits à cette couronne, et effectuer la promesse qui lui fut faite par le roi Charles
dernier décédé, en quittant et renonçant par son dit feu père tout
le droit qu'il avait aux marquisats de Saluces et de Montferrat et
autres terres qu'il avait en Piémont, afin mêmement de lui donner
un état convenable à sa condition, attendant qu'il fût par sa dite
Majesté récompensé eu égard à la grande valeur des choses cédées,
et conformément au traité fait sous le nom dudit feu roi Charles par
le maréchal de Bourdillon avec son dit feu père, comme il a apparu
par un acte privé fait entre eux, par lequel il est expressément dit
et promis par le dit maréchal sous le nom du dit roi Charles, comme
il est dit de lui faire donner à son arrivée en France des terres et
seigneuries, ou domaines bien assurés, jusqu'à la valeur de trente
mille livres de rente pour lui et ses descendants; et cet acte ayant
présentement été vu par le roi, Sa Majesté en confirme le traité; et
d'autant que ses pressantes affaires ne lui peuvent permettre à effectuer le dit traité en ce qui regarde l'entière récompense due et promise, attendant qu'elle le puisse plus commodément faire, comme
est son intention et volonté; et afin mêmement que le dit Auguste
marquis de Saluces ait plus de moyen de subvenir à l'entretennement de lui et de ses enfans, selon le lieu illustre d'où ils sont issus,
Sa Majesté lui accorde donne et octroye deux mille écus sol, de
pension à prendre sur son épargne, enjoignant aux trésoriers d'icelle
et à chacun d'eux en l'année de leur exercice, de lui payer et continuer icelle pension dorénavant par chacun an, jusqu'à ce et en attendant que la dite pension ne puisse être atteinte qu'alors qu'il aura
été pleinement satisfait de ladite récompense; et pour témoignage
de ce a voulu signer le présent brevet de sa propre main, qu'il a
commandé à nous ses secrétaires d'état de contresigner.

» HENRY.

» DONDUFEUILLÉ, JEANART et BRULART. »

5

Lettres patentes accordées à Jean de Lur, vicomte d'Uza, et à Catherine-Charlotte, sa femme, pour transférer ladite pension sur la comptablie de Bordeaux.

« Henry par la grâce de Dieu roi de France et de Pologne, à tous ceux qui ses présentes verront salut : notre amé et féal le sieur vicomte d'Uza gentilhomme ordinaire de notre chambre et Charlotte-Catherine de Saluces sa femme, fille et héritière universelle de feu Auguste de Saluces, nous ont très humblement fait remontrer que par nos lettres patentes du 20 février 1580, enregistrées où besoin a été et pour les causes et considérations y contenues, nous aurions converti en rente annuelle et perpétuelle sur notre recette générale de Paris au dit feu Auguste de Saluces pour lui ses enfans et descendans de sa ligne, tant seulement en loyal mariage, la pension de deux mille deux cents écus qu'il voulait prendre par an d'entretenement et récompense sur la dite recette générale, au lieu des droits noms et actions qu'il pouvait prétendre aux marquisats de Saluces et de Montferrat et autres droits ainsi qu'il est plus au long contenu et déclaré en nos dites lettres ci attachées sous le contre scel de nostre chancellerie, de laquelle rente ledit feu sieur Auguste aurait bien duement joui sans aucun contredit ; et d'autant que ledit sieur vicomte d'Uza et sa dite femme sont demeurants en notre pays et duché de Guyenne, et que la perception de la dite rente leur revient à beaucoup d'incommodités frais et dépenses de voyage, ils nous ont très humblement fait supplier leur commuer la dite rente sur notre recette et comptablie de Bordeaux, et sur ce leur octroyer nos lettres ; à quoi inclinants libéralement en faveur et considération des bons et agréables services que le dit vicomte d'Uza nous a par ci devant faits, tant en son dit état, qu'au fait des guerres, comme il a fait et continue encore de présent, et espérons qu'il fera de mieux en mieux à l'avenir ; et voulant le relever de frais et dépenses inutiles et autres incommodités en quoi il serait contraint se constituer par chacun an en voyage d'aller ou d'envoyer de notre dit pays de Guyenne en notre ville de Paris, recevoir la dite rente, joint que nous n'avons aucun intérêt, mais plutôt y recevrons commodité, quand elle sera constituée sur notre comptablie de Bordeaux. Avons pour ces causes et autres considérations à ce nous mouvant, la dite rente annuelle

Brevet du roi Henri III accordant au même Auguste de Saluces une seconde pension de six mille livres.

« Aujourd'hui vingt-troisième jour de mars 1580, le róy estant à Paris désirant reconnaître envers Auguste de Saluces, chevalier de son ordre, les services que feu son père et lui ont faits à cette couronne, et effectuer la promesse qui lui fut faite par le roi Charles dernier décédé, en quittant et renonçant par son dit feu père tout le droit qu'il avait aux marquisats de Saluces et de Montferrat et autres terres qu'il avait en Piémont, afin mêmement de lui donner un état convenable à sa condition, attendant qu'il fût par sa dite Majesté récompensé eu égard à la grande valeur des choses cédées, et conformément au traité fait sous le nom dudit feu roi Charles par le maréchal de Bourdillon avec son dit feu père, comme il a apparu par un acte privé fait entre eux, par lequel il est expressément dit et promis par le dit maréchal sous le nom du dit roi Charles, comme il est dit de lui faire donner à son arrivée en France des terres et seigneuries, ou domaines bien assurés, jusqu'à la valeur de trente mille livres de rente pour lui et ses descendants; et cet acte ayant présentement été vu par le roi, Sa Majesté en confirme le traité; et d'autant que ses pressantes affaires ne lui peuvent permettre à effectuer le dit traité en ce qui regarde l'entière récompense due et promise, attendant qu'elle le puisse plus commodément faire, comme est son intention et volonté; et afin mêmement que le dit Auguste marquis de Saluces ait plus de moyen de subvenir à l'entretennement de lui et de ses enfans, selon le lieu illustre d'où ils sont issus, Sa Majesté lui accorde donne et octroye deux mille écus sol, de pension à prendre sur son épargne, enjoignant aux trésoriers d'icelle et à chacun d'eux en l'année de leur exercice, de lui payer et continuer icelle pension dorénavant par chacun an, jusqu'à ce et en attendant que la dite pension ne puisse être atteinte qu'alors qu'il aura été pleinement satisfait de ladite récompense; et pour témoignage de ce a voulu signer le présent brevet de sa propre main, qu'il a commandé à nous ses secrétaires d'état de contresigner.

» HENRY.

» DONDUFEUILLÉ, JEAMART et BRULART. »

5

Lettres patentes accordées à Jean de Lur, vicomte d'Uza, et à Catherine-Charlotte, sa femme, pour transférer ladite pension sur la comptablie de Bordeaux.

« Henry par la grâce de Dieu roi de France et de Pologne, à tous ceux qui ses présentes verront salut : notre amé et féal le sieur vicomte d'Uza gentilhomme ordinaire de notre chambre et Charlotte-Catherine de Saluces sa femme, fille et héritière universelle de feu Auguste de Saluces, nous ont très humblement fait remontrer que par nos lettres patentes du 20 février 1580, enregistrées où besoin a été et pour les causes et considérations y contenues, nous aurions converti en rente annuelle et perpétuelle sur notre recette générale de Paris au dit feu Auguste de Saluces pour lui ses enfans et descendans de sa ligne, tant seulement en loyal mariage, la pension de deux mille deux cents écus qu'il voulait prendre par an d'entretenement et recompense sur la dite recette générale, au lieu des droits noms et actions qu'il pouvait prétendre aux marquisats de Saluces et de Montferrat et autres droits ainsi qu'il est plus au long contenu et déclaré en nos dites lettres ci attachées sous le contre scel de nostre chancellerie, de laquelle rente ledit feu sieur Auguste aurait bien duêment joui sans aucun contredit ; et d'autant que ledit sieur vicomte d'Uza et sa dite femme sont demeurants en notre pays et duché de Guyenne, et que la perception de la dite rente leur revient à beaucoup d'incommodités frais et dépenses de voyage, ils nous ont très humblement fait supplier leur commuer la dite rente sur notre recette et comptablie de Bordeaux, et sur ce leur octroyer nos lettres; à quoi inclinants libéralement en faveur et considération des bons et agréables services que le dit vicomte d'Uza nous a par ci devant faits, tant en son dit état, qu'au fait des guerres, comme il a fait et continue encore de présent, et espérons qu'il fera de mieux en mieux à l'avenir; et voulant le relever de frais et dépenses inutiles et autres incommodités en quoi il serait contraint se constituer par chacun an en voyage d'aller ou d'envoyer de notre dit pays de Guyenne en notre ville de Paris, recevoir la dite rente, joint que nous n'avons aucun intérêt, mais plutôt y recevrons commodité, quand elle sera constituée sur notre comptablie de Bordeaux. Avons pour ces causes et autres considérations à ce nous mouvant, la dite rente annuelle et perpétuelle de deux mille deux cents escus que le dit feu Auguste de Saluces voulait avoir et prendre sur notre dite recette générale de Paris par chacun an, commuée et transférée, commuons et transferons sur notre dite recepte ordinaire et comptablie de Bordeaux, pour en jouir et user, l'avoir, prendre et percevoir par le dit vicomte d'Uza et sa dite femme leurs enfans et descendants de leur ligne, tant seulement en loyal mariage, par les mains du fermier de notre dite recepte et comptablie, ou autres qu'il appartiendra par chacun an, aux termes et en la manière accoutumée, à commencer du jour que le dit feu sieur Auguste de Saluces et eux ont discontinué de la recevoir sur notre dite recette générale de Paris, et que à ces fins elle soit mise et employée au chapitre des autres rentes constituées et payées au dit vicomte d'Uza et à sa dite femme, comme étant rente propre et acquise pour eux, et leurs susdits enfans et descendants de leur ligne tant seulement en loyal mariage et tout ainsi que le contiennent nos susdites lettres du 28 février 1580, cy comme dit est attachées sous notre contre scel. Si donnons en mandement, etc., etc.

» Donné à Tours le 3 juin de l'an de grâce 1589 et de notre règne le seizième.

» HENRY.

» Par le roi :

» Luze. »

« Registrées en la chambre des comptes, ouï le procureur général du roi en conséquence des lettres ci devant obtenues par le défunt marquis de Saluces, dattées du 28 février 1580, registrées en la chambre des comptes le 9 mars suivant, pour en jouir le dit sieur de Lur et Charlotte de Saluces sa femme, ses enfans et descendants d'elle nés et à naître en loyal mariage du contenu en icelles; etc., etc. Fait à Tours le dixième jour de juin 1589.

» BARTHÉLEMY. »

En 1614, l'Espagne ayant fait offrir à Honoré de Lur-Saluces, vicomte d'Aureillan, de lui céder les droits qu'avait sa maison aux marquisats de Saluces et de Montferrat, celui-ci refusa les avantages offerts et prévint Marie de Médicis, régente.

A cette occasion cette princesse lui écrivit la lettre suivante :

Lettre de Marie de Médicis à Honoré de Lur-Saluces, vicomte d'Aureillan.

« Monsieur le vicomte d'Aureillan, j'ai été bien satisfaite du témoignage que vous avez rendu de votre zèle et fidélité au service du roi, Monsieur mon fils, en rejettant les propositions qui vous ont été faites de la part du roi d'Espagne de lui vouloir céder et transporter les droits qui vous appartenaient sur les marquisats de Saluces et de Montferrat, ainsi que je l'ai appris par votre lettre et le gentilhomme que vous avez envoyé vers moi. C'est une action qui mérite d'être reconnue ; aussi vous assuré-je que vous en serez récompensé en telle sorte que vous aurez sujet d'être content ; priant sur ce Dieu Monsieur le vicomte d'Aureillan vous avoir en sa sainte garde. Ecrit à Paris ce 11 mars 1614.

» MARIE.

» PHELIPPEAUX. »

Ce même Honoré de Lur servit l'Etat non-seulement dans les troupes du roi, mais encore avec ses vassaux et ses amis défrayés par lui. Voici le témoignage que lui rend le roi Louis XIII :

Brevet du roi Louis XIII à Honoré de Lur, comte d'Uza.

« Aujourd'hui huitième jour de juin 1611 le roi étant à Abbeville, désirant que la promesse verbale par sa majesté faite il y a longues années à Honoré de Lur de Saluces comte d'Uza, soit pleinement effectuée, en ce qui concerne la récompense qui lui est légitimement due et qui lui a été équitablement promise par les rois Charles IX et Henri III ses devanciers, comme il lui a duement apparu par un brevet octroyé au feu marquis de Saluces aïeul maternel dudit comte, par ledit Henri III, en reconnaissance des bons et signalés services que le marquis de Saluces père et fils, devancier dudit comte d'Uza ont rendus à la couronne de France, par la cession et trans-

et perpétuelle de deux mille deux cents escus que le dit feu Auguste
de Saluces voulait avoir et prendre sur notre dite recette générale
de Paris par chacun an, commuée et transférée, commuons et
transférons sur notre dite recepte ordinaire et comptablie de Bordeaux, pour en jouir et user, l'avoir, prendre et percevoir par le dit
vicomte d'Uza et sa dite femme leurs enfans et descendants de leur
ligne, tant seulement en loyal mariage, par les mains du fermier de
notre dite recepte et comptablie, ou autres qu'il appartiendra par
chacun an, aux termes et en la manière accoutumée, à commencer
du jour que le dit feu sieur Auguste de Saluces et eux ont discontinué de la recevoir sur notre dite recette générale de Paris, et que
à ces fins elle soit mise et employée au chapitre des autres rentes
constituées et payées au dit vicomte d'Uza et à sa dite femme,
comme étant rente propre et acquise pour eux, et leurs susdits enfans et descendants de leur ligne tant seulement en loyal mariage et
tout ainsi que le contiennent nos susdites lettres du 28 février 1580,
cy comme dit est attachées sous notre contre scel. Si donnons en
mandement, etc., etc.

» Donné à Tours le 3 juin de l'an de grâce 1589 et de notre règne
le seizième.

» HENRY.

» Par le roi :

» LUZE. »

« Registrées en la chambre des comptes, ouï le procureur général
du roi en conséquence des lettres ci devant obtenues par le défunt
marquis de Saluces, dattées du 28 février 1580, registrées en la
chambre des comptes le 9 mars suivant, pour en jouir le dit sieur
de Lur et Charlotte de Saluces sa femme, ses enfans et descendants
d'elle nés et à naître en loyal mariage du contenu en icelles, etc.,
etc. Fait à Tours le dixième jour de juin 1589.

» BARTHÉLEMY. »

En 1614, l'Espagne ayant fait offrir à Honoré de Lur-
Saluces, vicomte d'Aureillan, de lui céder les droits qu'avait
sa maison aux marquisats de Saluces et de Montferrat, celui-ci refusa les avantages offerts et prévint Marie de Médicis, régente.

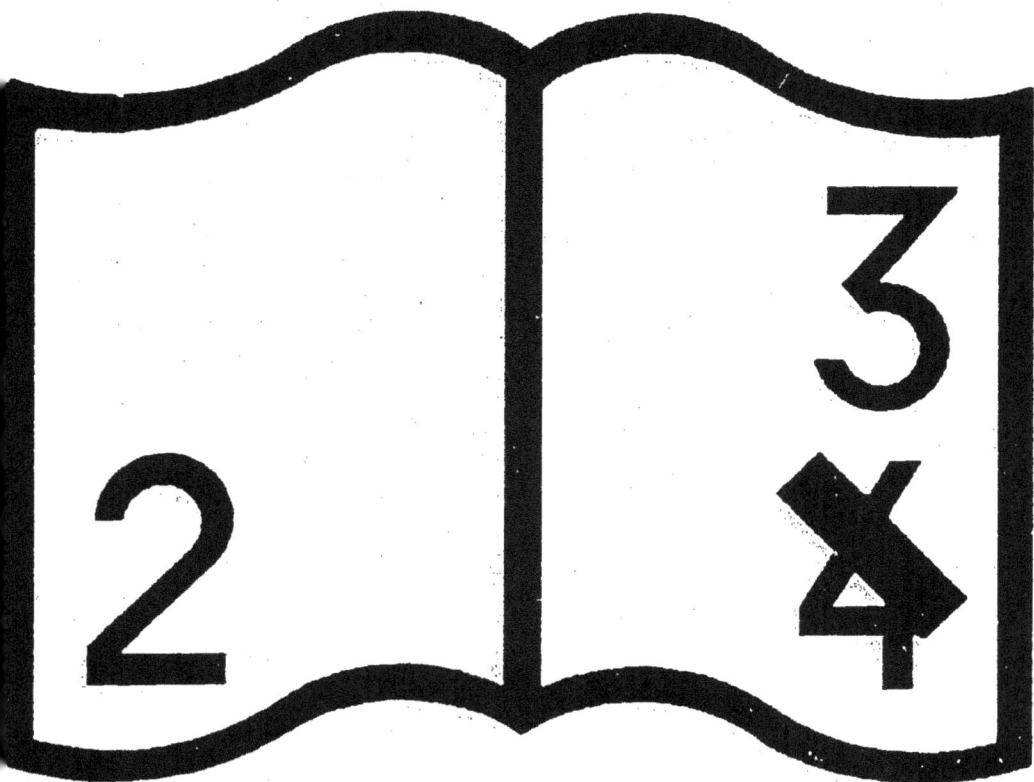

Pagination incorrecte — date incorrecte

NF Z 43-120-12

A cette occasion cette princesse lui écrivit la lettre suivante :

Lettre de Marie de Médicis à Honoré de Lur-Saluces, vicomte d'Aureillan.

« Monsieur le vicomte d'Aureillan, j'ai été bien satisfaite du témoignage que vous avez rendu de votre zèle et fidélité au service du roi, Monsieur mon fils, en rejettant les propositions qui vous ont été faites de la part du roi d'Espagne de lui vouloir céder et transporter les droits qui vous appartenaient sur les marquisats de Saluces et de Montferrat, ainsi que je l'ai appris par votre lettre et le gentilhomme que vous avez envoyé vers moi. C'est une action qui mérite d'être reconnue; aussi vous assuré-je que vous en serez récompensé en telle sorte que vous aurez sujet d'être content; priant sur ce Dieu Monsieur le vicomte d'Aureillan vous avoir en sa sainte garde. Ecrit à Paris ce 11 mars 1614.

» MARIE.

» PHELIPPEAUX. »

Ce même Honoré de Lur servit l'Etat non-seulement dans les troupes du roi, mais encore avec ses vassaux et ses amis défrayés par lui. Voici le témoignage que lui rend le roi Louis XIII :

Brevet du roi Louis XIII à Honoré de Lur, comte d'Uza.

« Aujourd'hui huitième jour de juin 1611 le roi étant à Abbeville, désirant que la promesse verbale par sa majesté faite il y a longues années à Honoré de Lur de Saluces comte d'Uza, soit pleinement effectuée, en ce qui concerne la récompense qui lui est légitimement due et qui lui a été équitablement promise par les rois Charles IX et Henri III ses devanciers, comme il lui a duement apparu par un brevet octroyé au feu marquis de Saluces aïeul maternel dudit comte, par ledit Henri III, en reconnaissance des bons et signalés services que le marquis de Saluces père et fils, devancier dudit comte d'Uza ont rendus à la couronne de France, par la cession et trans-

port fait par eux au roi Charles IX, de tous les droits que les susdits marquis père et fils avaient sur les marquisats de Saluces et de
Montferrat en qualité de vrais et légitimes successeurs, et ayant
éprouvé la fidélité et zèle que ledit comte d'Uza a toujours eu au
bien de l'Etat lequel a servi en personne près Sa Majesté en plusieurs
et diverses occasions, comme elle avoue même ès siéges de Saint-
Jean d'Angely, Montaûban et Monheurt, à son expédition dans le
Béarn et sur les frontières de Bayonne et autres lieux, en aucun
desquels il a servi avec charge, et en plusieurs en qualité de volontaire, y ayant mené bonne troupe de ses amis à ses frais et dé-
pens, et se ressouvenant aussi des services à elles rendus par le feu
vicomte d'Aureillan fils dudit Honoré de Lur de Saluces lequel a été
tué combattant vaillamment ses ennemis devant Salces, à la tête
d'un régiment qu'il commandait pour Sa Majesté; le tout considéré
et voulant favorablement traiter ledit comte d'Uza et lui donner
d'autant plus sujet et d'attache à lui rendre service comme il a toujours fait; et particulièrement en ce que durant la régence de la
reine sa mère il a constamment rejeté les propositions à lui faites
par le roi d'Espagne de lui vouloir vendre et transporter toutes les
choses lesquelles par droit successif lui pouvaient appartenir sur
lesdits marquisats de Saluces et de Montferrat sadite Majesté en con-
firmant le contenu du brevet ci-dessus mentionné, en ce qui concerne la récompense due et promise aux susdits marquis de Saluces;
et ayant aussi égard à sa parole donnée, comme il est dit au comte
d'Uza afin que personne ne la puisse ignorer, et qu'elle soit effectuée
selon son intention, Sadite Majesté lui a voulu expédier le présent
brevet, par lequel elle lui promet et assure de nouveau, comme
elle a ci-devant verballement fait, de lui donner des terres seigneuries et des domaines jusqu'à la concurrence de 30,000 livres de
rente, lesquels tiendront lieu d'échange pour les droits ci-devant cédés par ses prédécesseurs sur lesdits marquisats de Saluces et de
Montferrat et autres terres qu'ils avaient en Piémont; en témoignage
de quoi Sa Majesté l'a voulu signer de sa main et être contresigné
par moi son conseiller secrétaire d'Etat et de ses commandements.

» LOUIS.

» SUBLET. »

Lettres-patentes de Louis XIV, accordées à Claude–Honoré de Lur-Saluces, comte d'Uza, fils d'Honoré de Lur, et à Louise de Lur-Saluces sa sœur.

« Louis etc.. Claude-Honoré et Louise de Lur de Saluces nous ont exposé et fait voir par lettres-patentes et brevets attachés sous le contre scel des présentes, que le maréchal de Bourdillon ayant été envoyé par le roi Charles IX vers Jean-Louis marquis de Saluces pour traiter avec lui des marquisats de Saluces et de Montferrat il y aurait eu un traité fait entre eux, par lequel entre autres choses, ledit Jean-Louis de Saluces marquis de Saluces, aurait à la persuasion d'Auguste de Saluces son fils aîné fait don et session, transport à notre couronne de tous les droits et prétentions qu'il avait sur lesdits marquisats de Saluces et de Montferrat et autres terres qu'il possédait en Piémont ; en reconnaissance de quoi ledit maréchal de Bourdillon l'aurait assuré de lui faire donner à son arrivée en France, par forme d'échange une récompense de trente mille livres de rente en terres seigneureries ou domaines dans l'étendue de notre royaume, tant pour lui que pour ses descendants en loyal mariage ; et comme le dit Jean-Louis, marquis de Saluces, Auguste et François de Saluces ses enfants furent arrivés en France, ledit roi Charles IX, leur accorda une pension alimentaire de 6,600 livres par an en attendant qu'il pût fournir ladite récompense de trente mille livres de rente ; qu'après le décès dudit Jean-Louis marquis de Saluces père et dudit François de Saluces fils, ledit Auguste de Saluces son autre fils s'étant marié à Paris et ayant eu des enfants, ladite pension alimentaire lui aurait été entièrement accordée et à ses enfants et descendants en loyal mariage, jusqu'à ce qu'ils eussent été payés et satisfaits de ladite récompense de trente mille livres de rente ; et que Charlotte-Catherine de Saluces étant demeurée seule et unique héritière dudit Auguste de Saluces son père et ayant été mariée à Jean de Lur vicomte d'Uza et ledit Jean de Lur et ladite Charlotte-Catherine de Saluces et Honoré de Lur de Saluces comte d'Uza leur fils aîné, avaient joui de ladite pension alimentaire de 6,600 livres, à ces causes, en considération des services que ledit Jean-Louis marquis de Saluces et ses enfants et descendants ont rendus aux rois

nos prédécesseurs, et attendu que ladite pension alimentaire accordée par ledit roi Charles IX audit Jean-Louis marquis de Saluces n'est qu'une légère récompense des grands avantages que notre état a reçu de ladite cession volontaire qu'ils ont faite des marquisats de Saluces et de Montferrat, voulant favoblement traiter lesdits Claude-Honoré et Louise de Lur-Saluces et leurs enfants et descendants et suivant l'intention des rois nos prédécesseurs en attendant la récompense de trente mille livres de rente promise à Jean-Louis, nous avons ordonné et ordonnons à nos trésoriers, etc., etc. A Paris le 15 du mois d'avril de l'an de grâce 1661 et de notre règne de dix-huitième.

» LOUIS.

» PHÉLIPPEAUX. »

Enregistré à la Chambre des comptes le treizième jour de mai 1661.

Nous nous bornerons à ces reproductions, mais les lettres-patentes de 1688, de 1691, de 1714, de 1720, de 1727, de 1739, une foule d'arrêts du Conseil d'Etat rappellent et confirment les mêmes titres.

Pour comprendre l'inexécution des promesses qu'ils contiennent, il faut, et connaître l'irrégularité qui régnait dans les finances sous l'ancienne monarchie, et le peu de suite que les seigneurs mettaient dans la conduite de leurs affaires qu'ils abandonnaient à leurs agents.

En effet, ceux qui furent dans les bonnes grâces des ministres, dans celles des favoris ou des favorites, ou bien qui rendirent d'éclatants services, ceux-là seuls s'enrichirent en servant l'Etat ; pour la masse il en fut autrement, et l'histoire de la noblesse française ne serait, à bien dire, que la narration des sacrifices successifs que de génération en génération ses membres ont fait au roi et à la patrie, mus par cette simple et noblesse pensée, que le soin de leur fortune était peu de chose, et que leur premier devoir était d'acquérir de l'honneur au service de l'Etat.

Quoi qu'il en soit, Pierre de Lur, marquis de Saluces, et Henry-Hercule son fils, l'un et l'autre maréchaux de camp sous Louis XV, après avoir acquitté pour plus d'un million de dettes de leur maison, dont quelque-unes avaient la plus honorable origine, puisqu'elles remontaient à Louis de Lur, vicomte d'Uza, qui, comme nous l'avons vu précédemment, avait engagé son patrimoine pour équipper les vaisseaux destinés au service de l'Etat. Les marquis et comte de Saluces s'adressèrent à Louis XV et lui demandèrent de réaliser enfin les promesses faites par ses prédécesseurs.

Le roi, qui aimait les marquis et comte de Saluces, et qui avait dit en présence de plusieurs seigneurs, lorsqu'on lui présenta la liste des pertes éprouvées par son armée à la bataille de Rosback, sur laquelle liste MM. de Saluces avaient été portés comme morts quoiqu'ils ne fussent que grièvement blessés : « *Je perds là deux bons et excellents of-* » *ficiers et mes deux plus gros créanciers.* » Louis XV, disons-nous, qui connaissait si bien la noblesse de son royaume, accueillit favorablement leur demande et les engagea à se pourvoir au Parlement; puis apprenant qu'un ordre du Ministre des finances avait arrêté leur poursuite, il évoqua l'affaire à son Conseil d'Etat, par arrêt du 8 septembre 1772, voulut qu'elle fût instruite sous ses yeux et déclara qu'il assisterait et présiderait lui-même au jugement.

Les marquis et comte de Lur-Saluces élevaient leur créance à plusieurs millions; le sieur de Comarieu, inspecteur général du domaine de la couronne, soutenait que la pension de 6,600 livres seule était rigoureusement due par l'Etat, parce que le traité de cession n'était pas représenté par MM. de Lur-Saluces, et parce que ledit traité n'avait même pas dû exister, attendu que le roi, ayant précédemment prononcé la confiscation du marquisat de Saluces, n'avait nullement besoin de la cession de Jean-Louis. MM. de Lur-Saluces répliquaient que le roi n'était point en possession réelle du marquisat de Saluces lorsque Jean-Louis et ses fils consentirent à venir en France, et que, par conséquent, le roi avait le plus grand intérêt à ladite cession. Qu'en second lieu, ledit traité était incontestablement remplacé par la déclaration contenue dans le brevet d'Henri III qui dit l'avoir vu, et par le grand nombre d'autres preuves fournies ; ajoutant, en outre, que ledit traité avait été brûlé dans l'incendie arrivé à la Chambre des comptes en 1737, ainsi que le prouve un registre sur lequel on a inscrit de mémoire les titres qui ont été brûlés lors de cet incendie, et dans le nombre desquels figure ledit traité. MM. de Saluces n'ayant d'ailleurs nul besoin de ce titre, la clause principale qu'il renferme étant amplement rappelée dans les divers titres présentés par eux.

Pendant qu'il était publié à cet égard des mémoires de part et d'autre, Louis XV mourut. MM. de Lur-Saluces firent, dans cette circonstance, une perte irréparable, car le roi avait bien voulu prendre connaissance de leurs droits, et ils avaient tout lieu de compter sur sa justice.

Enfin, le 28 février 1780, l'arrêt suivant fut prononcé ; le roi étant en son conseil, en présence et de l'avis desdits sieurs commissaires, faisant droit sur l'instance, a ordonné et ordonne qu'en remplacement de la rente de 6,600 livres, constituée par les lettres-patentes du 28 février 1580, à Auguste de Saluces, comme étant rente propre et acquise pour lui, ses enfants et descendants, il sera délaissé aux marquis et comte de Lur-Saluces des fonds du domaine jusqu'à concurrence de 6,600 livres de revenu annuel, toutes charges

déduites, pour jouir desdits fonds et les posséder au même
titre que ladite rente de 6,600 livres ; veut, en conséquence,
Sa Majesté, que ladite rente soit et demeure éteinte, suppri-
mée et rejetée des états de ses finances, à dater du jour auquel lesdits marquis et comte de Lur-Saluces entreront en
jouissance des fonds qui leur seront délivrés en vertu du
présent arrêt. A Sa Majesté débouté et déboute lesdits marquis et comte de Lur-Saluces du surplus de leurs demandes,
fins et conclusions; *se réservant, toutefois,* de leur accorder,
en considération de leurs services et de ceux de leurs ancêtres, telle récompense qu'elle avisera bon être.

Fait à Versailles, etc.

LOUIS.

A la suite de cet arrêt, Hercule-Henry, devenu marquis
de Lur-Saluces après la mort de son père, fut mis en possession de la terre et chatellenie de Gondrecourt-le-château-
en-Barrois, que la révolution lui enleva peu d'années après.
Ainsi, comme on le voit, il ne reste à la maison de Lur, de
l'héritage de Catherine-Charlotte, que le nom de Saluces.

Indépendamment des titres que nous venons de publier, le
parlement de Paris, par arrêt solennel du 22 août 1775,
maintint Pierre de Lur, marquis de Saluces, dans la possession des noms, armes, titres et successions de la maison
souveraine de Saluces que lui avaient transmis ses ancêtres.

En prenant ce nom, si honorable qu'il soit, MM. de Lur
ont toujours tenu à ne pas laisser oublier le leur ; et nous ne
saurions mieux faire, en terminant cet article, que de citer à
ce sujet les propres paroles d'un adversaire de MM. de Lur,
du sieur de Comarieu, inspecteur général du domaine.

Voici comment il s'exprime dans son mémoire imprimé :

« Le marquis et le comte de Saluces ne tiennent pas les
» droits de leur naissance de l'alliance d'Auguste et du nom
» qu'ils ont pris de lui. Les de Lur étaient lors ce qu'ils
» avaient été avant cette alliance, ce qu'ils sont encore au-
» jourd'hui, toujours également distingués et cités par leur
» ancienneté et par le mérite de leurs services ; toujours prêts
» à verser leur sang pour la patrie et à lui sacrifier leur for-
» tune réelle comme les avantages qu'on pourrait d'ailleurs
» leur offrir. »

Le sieur de Comarieu ajoute dans une note :

« Qu'ayant été pendant une longue suite d'années procu-
» reur du roi des deux bureaux des finances et du roi en
» Guyenne, il a eu de fréquentes occasions de vérifier que
» la maison de Lur est une des premières, des plus ancien-
» nes et des plus illustrées de cette province. »

Indépendamment des ouvrages cités dans le cours de cette notice, on peut consulter les *Fastes militaires ou annales des chevaliers des ordres royaux et militaires de France*, par M. de la Fortelle. Paris, 1779. — *Histoire généalogique des Pairs de France*, par le chevalier de Cour-celles. — La *Chronologie historique militaire*, par Pinard. — *Les Annales du temps* et surtout *Galerie universelle des hommes qui se sont illustrés depuis le siècle de Léon X jusqu'à nos jours*, à l'article d'Imbert de Laplatière, maréchal de Bourdillon.

---

*État de la maison de Saluces en France, en Piémont et à
Naples, en l'année 1839.*

Lorsque Jean-Louis, Auguste et François de Saluces s'é-tablirent en France en 1562, divers seigneurs de la maison de Saluces restèrent en Piémont et y formèrent ou y conti-nuèrent plusieurs branches :

1° Un d'entre eux vint en France vers l'an 1600, et de lui

descendent MM. de Saluces établis à Fontainebleau, alliés aux maisons de Toulongeon, de Polignac, etc. — Et une autre branche fixée en Angoumois.

2° La branche des seigneurs de la Mante, comtes de Versol, très illustre en Piémont, a fourni un grand nombre d'officiers généraux au service du roi de Piémont, des chevaliers de l'Annonciade, etc., etc.

Elle est représentée actuellement par le comte de la Mante, lieutenant-général au service du roi Charles-Albert.

Et par le chevalier de Saluces la Mante, qui a joué un rôle dans le mouvement de Turin en 1819. Maintenant retiré dans son château de Versol.

3° La branche de Saluces Menuziglio dont était le comte Joseph-Ange de Saluces, président de l'académie de Turin, lieutenant-général d'artillerie, savant très distingué et connu par un grand nombre de découvertes en chimie et physique. Mort en 1810.

Il a laissé quatre fils, tous les quatre officiers généraux; l'un d'eux commandait un régiment de gardes d'honneur à la bataille de Hanau.

Alexandre, président du conseil d'Etat, auteur d'une histoire militaire du Piémont, estimée.

Annibal, major général de la garde.

César, commandant de l'école militaire.

Robert, aide-de-camp du roi.

Le comte Alexandre de Saluces a seul été marié; il a eu une fille unique, la marquise de Cortenze, dame d'honneur de la reine.

4° La branche de Saluces Corrégliano, établie à Naples, et représentée par le général Salluzzo, aide-de-camp du roi, et par le duc de Corrégliano, son neveu.

www.ingramcontent.com/pod-product-compliance
Lightning Source LLC
Chambersburg PA
CBHW070905280326
41934CB00008B/1584